# 读懂，是对孩子最好的爱

杨建秋 著

中國華僑出版社

**图书在版编目（CIP）数据**

读懂，是对孩子最好的爱 / 杨建秋著. —北京：中国华侨出版社，2017.4

ISBN 978-7-5113-6695-5

Ⅰ. ①读…　Ⅱ. ①杨…　Ⅲ. ①家庭教育　Ⅳ. ①G78

中国版本图书馆CIP数据核字（2017）第038363号

**●读懂，是对孩子最好的爱**

---

著　　者/杨建秋
责任编辑/文　蕾
封面设计/一个人 · 设计
经　　销/新华书店
开　　本/710毫米×1000毫米　1/16　印张/16　字数/230千字
印　　刷/北京一鑫印务有限责任公司
版　　次/2017年4月第1版　2019年8月第2次印刷
书　　号/ISBN 978-7-5113-6695-5
定　　价/32.00元

---

中国华侨出版社　北京市朝阳区静安里26号通成达大厦3层　邮编100028
法律顾问：陈鹰律师事务所
编辑部：（010）64443056　64443979
发行部：（010）64443051　传真：64439708
网　址：www.oveaschin.com
E-mail：oveaschin@sina.com

# 前言

PREFACE

家庭教育是一切教育的起点和基础，对孩子的成长起着无可替代的作用。然而一个尴尬的事实是，很多家长其实并不能够科学地教养孩子。

尤其是在中国，每位家长都希望自己的孩子能够成龙成凤，但真正懂得科学教育的父母却并不多。由于时代发生了急剧的变化，现在担当着家庭教育重任的这一代人，正经受着前所未有的挑战。老祖宗们口口相传的“家教法宝”大多已经失效，而新的家教体系又尚未完全建立起来。当代家长的文化水平虽然普遍高于上一代人，但社会对于家长本身的教育依然严重缺位，“自以为是”导致很多家长在与孩子相处时常常感到茫然、无助、无奈、尴尬、焦虑，家庭教育非但不是一曲和谐的亲情礼赞，反而渐渐演变成了家庭矛盾，甚至是战争……总而言之，大多数中国家长“想爱却不会爱”，不正确的教养方式使得原本健康可爱的孩子，出现了这样、那样的“不健康”状况。

中国家长身上普遍都有一个“硬伤”，他们为了防止孩子走弯路，总是习惯为孩子设计人生道路，希望孩子人生的每一步都按着自己的期望和设想来走。总想着“孩子现在喜不喜欢没有关系，等他们长大了就会明白我们的用心的”。但是，不知不觉中，家长的过度干预和控制，成了孩子成长的最大障碍。这些家长，可以说，并未读懂孩子。

孩子的人生属于孩子，孩子的成长需要自我探索，其他人是替代不了，包办不了的。所以，请给孩子留出足够的成长空间。研究表明，当目标由自己设定而非他人强加时，孩子会更愿意付出努力，动力更强。若孩子缺乏自我探索，只懂服从父母或他人的安排、变成他人期望的样子，他们往往畏惧改变，遇到挫折时容易逃避问题、丧失目标和信心。

本书的理念是，孩子是一本书，家长要想当好孩子的第一任老师和终身老师，首先必须读懂孩子。只有读懂孩子，才能打开孩子的心灵之门，才能真正把家庭教育演奏成一曲和谐美妙的乐章。在这本书中，作者会站在时代的高度，以全新的教育理念、鲜活生动的案例、深入浅出的表述方式，引领家长破解难题，走出家庭教育的误区，进入家庭教育新境界。我们一定不会负您所望。

# 目录
CONTENTS

## 一、无条件的爱就是真的爱吗



## 二、孩子稚嫩脆弱的心灵，你是否真的十分在意

## 三、怎样的夸赞才是孩子真正需要的

## 四、是不是一定要让孩子害怕你



## 五、你是否知道自己在孩子心中是什么形象

## 六、让孩子热爱学习，你用对方法了吗



## 七、亲子沟通，你做得足够好吗

## 八、你对孩子的期望，他可以接受吗



## 九、为孩子代办一切就是对他好吗

## 十、也许你只是在“养”孩子，而不是在“教”孩子

# 一、无条件的爱就是真的爱吗

为了孩子的健康成长，父母应该给予孩子充分的爱，但爱也要有个底线，爱得过度就成了溺爱。许多家长身上的第一硬伤就是溺爱，他们易屈从于孩子，有求必应，百依百顺，爱得毫无原则。他们包办孩子的一切，过度照顾，本来孩子自己可以做的或应该做的也不让孩子做；他们给孩子提供的物质生活过分优越，甚至超过了家庭正常的经济能力；他们不给孩子接触困难和艰苦环境的机会，不让孩子受一点委屈；他们一个劲地夸耀孩子的长处和优点，处处为孩子的缺点辩解……虽然说，被溺爱的孩子可能身体健康、聪明伶俐，但是，这些孩子的非智力素质却存在缺陷，如任性、自私、依赖性强、不能与人平等相处、性格软弱等，这必然会影响到孩子的一生。

# 爱孩子也要有个底线

现在的孩子是“小皇帝”、“小公主”，享受到了前所未有的爱护和物质。然而孩子们的要求却越来越多，花样层出不穷，让父母们着实有点难以招架。父母们爱孩子的心情是可以理解的，可一味顺从孩子只会助长孩子的任性和贪欲，对孩子的健康成长没有一点好处。

请看下面这个例子：

爸爸：“豆豆，吃饭了。”

孩子：“今天吃什么？”

爸爸：“米饭、红烧鱼。”

孩子：“不，我要到街上吃肯德基。”

爸爸：“可是妈妈已经做好了饭菜，我也累了，明天再去吃，不行吗？”

孩子：“不，我今天就要吃。”

孩子又哭又闹，最后爸爸妈妈屈服了，带他到街上吃肯德基。

在这个故事中，孩子对爸爸提出了极不合理的要求，爸爸怕孩子生气竟然顺从了孩子的要求，他这样做既损害了自己的权利，又降低了孩子的心理承受能力，可以说这位爸爸的做法是非常失败的。

孩子是没有自立能力的，他的需求很自然要靠父母来满足。可今天的孩子生活在现代社会，他们不仅从父母身上，也从电视上，从大街上看到这多姿多彩的繁华世界，他们的视野宽广，他们的欲望也变得强烈。而父母们常不忍心拒绝他们的要求，千方百计予以满足。可是人的欲望永无止境，小孩亦是如此，甚至更为强烈。不要说以有限的精力、财力、时间去满足孩子无休无止、花样翻新的欲望几乎是不可能的；就连对孩子的需求全部都予以满足的想法本身就是一种大错误。过于迁就孩子，等于间接促使孩子养成随心所欲、唯我独尊的不良思想，势必导致他们在日后迈入社会，进入实际学习、工作、交往中容易遇到挫折，甚而误入歧途。

因此，在生活中，家长们千万不要迁就孩子的不合理要求。对孩子非分的需求理当不要迁就之外，对孩子正当的要求，有时基于家庭的经济条件，或者出于教育孩子的目的，也未必一定全部满足。但是，不迁就孩子必须讲究方法。在孩子情绪激动时，要试图安抚他，事后再把自己的理由坦率认真地告诉孩子，要相信孩子的认知能力，使孩子最大限度地理解自己的做法，让孩子感到父母不是不愿意满足自己的需求，而是自己的要求过分，或者家里的确有困难。促使孩子做到这一步，自幼明白道理与克己节制，心理承受一定的挫折，这对他们今后的生活道路亦是大有裨益的。

这是一位年轻妈妈的教子心得：我的儿子叫图图，今年九岁，既聪明又漂亮，从小就受到了家人的宠爱。然而这两年，我们越来越觉得这孩子太任性了：走在街上看到什么就要什么，不给买就连哭带闹，因此我们只好一次次迁就他。半年前，我去听了一个教育专家的演讲，他的一句话对我触动很大：“不讲原则地迁就孩子就是害孩子。”因此我决心要改变孩子乱要东西的坏习惯。在一个星期六下午，在儿子的要求下，我答应带他去逛街。出门前，我跟儿子约定：只看不买，否则就不去。儿子满口答应：“行！”不过在我以往的经验里，带儿子逛商店，儿子的眼睛一旦瞄到玩具柜台上，不管合适不合适，只要他看中就一定要买。

到了商城，像以往一样，儿子照例要光顾一下四楼的玩具区。由于有约在先，我便放大胆子带他去了。儿子兴奋地东张西望，没一会儿，一种可以远程遥控的玩具汽车便引起了儿子的注意，他便缠着我要买，我说不买。这下可不得了了，他顿时坐在地上大哭起来，边哭边说，他最喜欢小汽车，一直想要小汽车，如果不买就回去告诉爷爷奶奶、外公外婆，只要买了他就听话，以后什么也不要……以前在这种情况下，我就给他买了，但今天我却站着不动，告诉他不能买的道理。

可他根本不理这一套，咬紧牙关一个字——买！并且越哭越凶，最后，索性赖在地上不走了。这时，服务小姐及许多顾客都围了过来："现在都是独生子女，就给孩子买一个吧。"你一言他一语的，说得我真是尴尬极了，真想一买了之。可是一想起自己的计划，便又横下一条心：不买！我冷淡地对儿子说："你走不走？你真的不走？那我走。"我躲在楼梯口，很久才见儿子抹着眼泪跟了出来。

回到家里，我开始告诉儿子，他什么样的要求可以得到满足，什么样的非分之想会被拒绝。儿子似懂非懂地听着。

有了这第一次成功的拒绝后，我就继续进行我的计划，孩子爸爸也和我站在一起，对孩子不合理的要求一律冷淡地拒绝。半年下来，孩子果然改变了不少，他的不合理要求、不良习惯少了，家长会上老师告诉我图图是个懂事又独立的孩子。

这位妈妈的教育方法就是非常成功的，父母对孩子提出的不合理要求，冷淡地予以拒绝，正是对孩子负责任的表现，一味地言听计从，就是溺爱孩子、害孩子。

我们还常看到这样一些现象，有些父母，他们当时不迁就，可是经不住孩子的纠缠，或是由于心软，过一会儿又予以满足，这是最失败的。这样出尔反尔，定会让孩子产生这样的认知：即通过死缠硬磨的手段，无论什么样的要求都可以得到满足。也有些父母不注意相互之间的通气、默契，爸爸不迁就，妈妈却迁就了。又或许父母达成一致意见，爷爷奶奶却悄悄地予以满足，当父母提出批评时，老人又说这是他自己的积蓄，背后又在孩子面前唠叨。这样不仅会造成孩子心理失衡，误以为父母不疼爱他，说得好听，说什么事情做不到，其实可以办到，只是不愿意为自己花钱、着想。所以，提醒父母们一定要与家庭成员达成默契，共同引导孩子走到正确的道路上来。

## 过分在意导致孩子得寸进尺

生活中，很多孩子都会出现不讲道理、无理取闹的情况：以自我为中心，不理解别人的立场；不管自己有没有道理，说发脾气就发脾气……这些问题往往让为人父母者头疼不已。孩子的不讲道理其实是儿童缺乏自制力的表现，因此父母一定要努力培养孩子的自制能力，对孩子不讲理的行为决不姑息纵容。

爸爸给冬冬买了一个漂亮的玩具车，准备下午带孩子到姑姑家做客，冬冬非常高兴，决定向表弟炫耀一下自己的新玩具。但是到了下午，忽然下起了大雨，冬冬趴在窗户上看了好一会儿，跑来问爸爸："爸爸，这雨会停吗？"爸爸知道，如果冬冬不能去姑姑家，他一

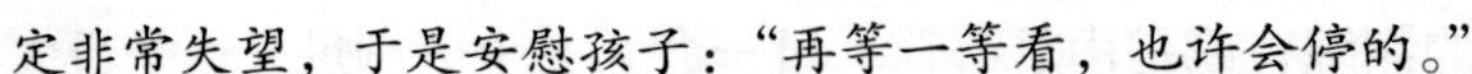

定非常失望，于是安慰孩子："再等一等看，也许会停的。"

一个小时过去了，雨还是没有停，甚至还刮起了大风。于是冬冬开始吵闹起来，一边吵闹一边哭泣。爸爸安慰冬冬："姑姑家我们都去过多次了，也不在乎这一次。等大雨停了，爸爸再带你去，你看好不好？"冬冬吵闹着对爸爸说："谁知道雨什么时候能停！你都答应我了，现在又反悔，我不干！我不干！"冬冬越吵越厉害，连邻居都惊动了！

爸爸很为难，又拿他毫无办法，于是就向他保证说："爸爸明天带你到商场去，再给你买一个玩具枪，能射子弹的那种，以前你不就想要吗？"

我们经常会看到一些父母犯这样的错误：孩子一哭一闹，自己就慌了手脚，马上对孩子又疼又哄，对孩子的不讲理百般迁就，或者很多时候，孩子因为某些不如意的事情，吵闹一阵子后，差不多快要停止下来了，忽然，又因为父母或其他人对孩子说了些安慰的话，孩子的情绪一下子又来了一个 180 度的大转变，变本加厉，越发吵闹得不可收拾！

冬冬对爸爸的吵闹便是一个很好的例子。

对一个孩子来讲，由于天气的原因，不能参加原来计划好的活动，一定会感到很失望，但孩子因此而纠缠不休蛮不讲理，在很大程度上正是由于爸爸的同情把这种失望的感觉扩大了。

父母们常常会低估了孩子对失望与挫折的承受力，总是不知不觉地以父母的角色，心甘情愿地替代孩子"受罪"。在这个例子中，爸爸对冬冬表示了怜悯，冬冬自己就愈加觉得自己可怜，愈加觉得"去不了姑姑家是难以承受的事"！

更糟糕的是爸爸提出的"补偿"办法使冬冬形成一种观念，那就是他在生活中所遇到的任何失望的事情都应该由别人来给予补偿。如果任何事情不能按他的愿望实现的话，冬冬就会感到生活亏待了他，他受到了不公平待遇。当爸爸的认为孩子的失望太大了，是冬冬不能承受的，他的这种态度，实际上低估了冬冬可能有的承受力。爸爸认为冬冬太软弱了，根本无法对付生活中的现实，他的这种态度将使冬冬也形成对自己的错误认识：“我受到了一个很大的打击，没有能力应付了。”

因此，我们应当锻炼孩子，培养他们接受生活中的失望及失败的勇气，而不是依赖别人，依赖于别人的怜悯，等待着别人来安慰、同情自己。如果我们不在孩子面前表现出我们对他的惋惜和过多在意的话，孩子就会学会如何接受失望的现实，调节自己的情绪，不再蛮不讲理。如果做父母的能够平静地对待孩子的失望，对孩子施展好的影响，将会使孩子更容易接受失望，迎接希望和挑战！

孩子的有些行为不是真正的幼稚无知，他们其实也隐约感觉到自己的做法有问题。只是孩子“控制”的不成熟，因而表现出哭闹的情绪。如果父母常常为孩子的这种不成熟而批评他，反而会引起孩子的注意，从而滋长孩子的不良情绪。例如：当孩子无理地吵闹、发脾气、哭叫时，父母故意不去理睬孩子的语言和行为，不以任何态度表示知道那种行为的存在，孩子就会意识到父母对他的行为是不喜欢的，也不会给予他任何的满足，他从父母那里将得不到任何“补偿”。

生活中我们可以看到，往往是由于父母过多地在意孩子，才使得孩子得寸进尺，甚至于发展到无理取闹。而父母在处理孩子的这种行为时，通常会大声斥责，甚至大打出手，以达到使孩子改变行为的目的。父母的这种做法行不通！如果我们真是希望孩子能够改变那些不讲理的行为，那么，父母正确的做法应当是适当地采取不理睬孩子的态度，至少应当保持相当程度的沉默。

爸爸在孩子无理取闹的时候，不妨采取置之不理的办法，这样孩子就会在你冷淡的态度中反省自己的做法，千万不要过多地在意孩子，你的在意只会让孩子得寸进尺。

# 罚小错是为了免大过

有一句话叫作“星星之火，可以燎原”，一点小过错不断纵容，也会累积成大过。因此，家长在教育孩子时，一定不要纵容孩子的小过错，不然只会害了孩子。

有一种父母，对孩子的小过总是姑息纵容，如果碰上心情好的话，甚至还要表扬两句。等到孩子把小错变大过时，他们就又变得异常愤怒，严厉地责罚孩子，这种教育方式也是极不可取的。

六岁的小航总喜欢玩火，只要是与火有关的东西，例如火柴、打火机，甚至于家里的炉灶他都要去摆弄摆弄。小航的爸爸自己也喜欢各式各样的打火机，从气体、电子式到机械式打火机，甚至于还有古老的“火镰”……对于小航玩火的行为，父母从来没有给过任何处罚，他们觉得玩火也不是什么大错，看着儿子熟练地使用各种火机，小航的爸爸甚至还得意地说：“瞧，我的儿子就是像我！”

一天，小航在家里玩一个爸爸刚买来的打火机时，一不小心把自己的帽子烧了个洞，脸上还蹭上了不少黑灰！小航的爸爸看到儿子的狼狈样，非但没有狠狠地教训他，反而笑得喘不过气……过些日子，父母带小航去农村的姥姥家，一不留神，小航居然和几个表兄弟一起玩起火来，不知什么时候开始，姥姥家的草垛已经燃起了熊熊大火！小航的爸爸跑来，怒发冲冠，拉过小航来就是一顿痛打！

在这个故事中，我们应当指责孩子不懂事吗？为什么孩子玩火得不到父母的约束、管制？难道当父母的就一点儿也不知道“玩火自焚”的道理？

为什么小航烧了自己的帽子，爸爸居然视而不见？还“笑得喘不过气来”，一点儿也没有当场处罚孩子错误的想法？

一个六岁的孩子还无法正确认识自己的行为，父母的纵容会让他以为自己的玩火行为是正确的。直到孩子一把火烧了姥姥家的草垛，当父母的才如梦方醒！

类似于小航父母的教育行为在生活中并不少见，也不知多少父母都是如此地处理孩子的过失行为——“小错嘛，哪个孩子没有？能将就过去就算了”；等到哪一次孩子犯的错误大了，父母就又觉得不把孩子狠狠地打一顿、骂一顿，简直不足以让他牢记教训！

殊不知这样教育孩子的观点、行为都是相当错误的！这些错误的观点和错误的行为，当然只能收到适得其反的教育效果。

对于那些家有“玩火孩子”的家长，我们的忠告是：面对孩子的小错误，要立即纠正，正所谓“堵蚁穴而保千里之堤”。如果孩子犯下小错误，当家长的不能立即纠正，一旦孩子犯下大错误便后悔莫及了。爸爸妈妈们应该知道，尽管小孩的判断能力比不上大人，但是他们区别好与坏的能力还是有的。如果孩子犯了错误，在他的意识里，他会感觉到自己做了错事。此时，父母应当抓住孩子“我犯错误了”的心理，立即进行有效的教育和行为上的纠正，这样一来孩子就不会再犯这类的错误。

另一种情况是孩子已经自觉到自己的错误，父母在旁严厉指责时，孩子原本就有的自省心又缩回去了，反而用别的理由强辩，如此一来，即使给孩子什么特别的提醒也徒劳无益。换一句话说，当小孩犯下了一个很大的错误时，切忌在旁边气呼呼地指责、责骂，甚至于大打出手！最好先给孩子一些时间，让他冷静一下自己的情绪，过些时候再问他："那件事情怎么啦？""那件事你真是做得太过分了！"孩子因为在内心已经检讨过自己的缺失，因此会比较坦然地接受父母的意见。

爸爸妈妈们应该有所注意，与其等到孩子犯大错时又打又骂，还不如在孩子犯下小错时就立刻处罚。爱孩子就要想得长远，谁说处罚不是爱的表现呢？

# "富"孩子也要早当家

"不懂事"、"对家庭缺少责任感"是人们对一些孩子的评价。现在的孩子大多是独生子女，是父母的宝贝，从小就是要风得风，要雨得雨，因此养成了以自我为中心、不体贴父母、不关心家庭的习惯。作为父母，你有必要让孩子明白，家庭也需要让孩子做些什么，父母没有能力无限度地满足他们的要求。

一位父亲讲述了这样一件事：他的儿子是一个很不错的孩子，至少在学习上没让他费过心，只有一件事让他为难：孩子花起钱来大手大脚，每隔几天就向父母要钱，夫妻二人怜惜孩子，几乎每次都满足他的需要。可最近一段时间妻子下岗了，自己单位的效益也不是很好，一天，孩子向他要 500 元，说是要买一双运动鞋，另外还要请同学吃麦当劳，他觉得不能再对孩子予取予求了，于是就委婉地向孩子解释家里的情况："你妈妈下岗了，我们单位也一年不如一年，所以你要懂事，花钱别大手大脚了！""这关我什么事！"儿子粗暴地打断了他的话，"您快点给我钱，供养我是您的义务！"这位父亲目瞪口呆，他实在想不到孩子对他们竟然这么冷漠，对家庭竟然没有一点责任感。

听了这个故事，不知家长朋友有什么感受？生活中，像这样对家庭缺少责任感的孩子并不少见。那么，孩子如果不尊重父母的劳动，缺少责任心该怎么办呢？下面是一位妈妈巧施扮弱计，改变儿子的例子，各位家长不妨借鉴一下。

林女士家境富裕，一天她的儿子向她要300元办生日聚会，她开玩笑地问了一句："儿子，你总向妈妈要钱，花起钱来也大手大脚，可有一天妈妈没钱了怎么办？"11岁的儿子回答说："那你就去赚啊，这不是我该关心的事吧？"林女士大吃一惊，她发现儿子丝毫没有为家庭着想的概念，她认为自己必须改变这一点。林女士向公司请了三个月的长假，然后对儿子说："妈妈失业了！从今以后爸爸要一个人供你上学、供车子、供房子，还要养妈妈和奶奶，你也长大了，该学会帮爸爸妈妈分忧了！"为了让儿子相信，她还陆续向儿子借了几次钱，因为她"没钱买菜"。一个月后，她发现儿子彻底变了，见到儿童玩具他不再缠着妈妈买，一起逛街时，如果林女士对哪件漂亮衣服多看几眼，他还会安慰妈妈："别看了，看了又买不起，等我长大赚了钱，一定会买很多衣服给你，但现在不要给爸爸增加负担了！"还有一次，她手边没有零钱，就给儿子一张50元，让他自己去吃早餐，结果儿子含着眼泪问她："你把钱给了我，还有钱买菜吗？"看着儿子一天比一天懂事，很多时候还主动询问爸爸工作的情况，林女士很欣慰，不过她也在想是不是应该提早结束假期了，因为儿子渐渐有点吝啬的倾向了。

林女士使用的方法很有趣，在增强孩子责任心方面也起到了不错的效果，这招以富扮穷，由强扮弱看来还是相当有效的。如今，我们绝大部分家庭都有比以往更好的生活条件，大多数的父母都喜欢对孩子说："现在生活好了，我们不需要你为家庭操心，只要你做个好学生，将来有作为，我们再苦再累也心甘情愿。”父母们认为：现在条件好了，我们要为孩子争取一切可能的机会，为孩子提供最好的学习条件，给孩子最好的生活待遇，使孩子能出类拔萃……其实，这样的情况，往往会事与愿违。越是怀着这种心态对待孩子，孩子越会辜负父母的期望。所以，我们要让孩子明白，作为家庭组织中的一员，他对家庭是负有一定责任的。

瑞恩夫妇是一对在读博士，在攻读博士学位前他们已经有了一个八岁的儿子吉姆。吉姆聪明伶俐，唯一的“毛病”就是喜欢吃零食。在他还不满四岁的时候就知道拉着爸爸妈妈到不远处的百货店。

每次遭到爸爸妈妈的拒绝，小吉姆就哭闹不止，大有不达目的誓不罢休的势头，瑞恩夫妇纵然是满腹经纶也奈何不得他。有一次，小吉姆又要让爸爸给他买糖果，爸爸说：“亲爱的吉姆，爸爸可以答应你的要求，但是你也要答应爸爸一个条件。”

“什么条件？”小吉姆满脸疑惑。

“你现在买糖果的钱和你在幼儿园上学的钱都是属于爸爸妈妈的，可我们以后也要上学，所以你每花费一分钱爸爸都会记下来，等你长大后也要还给我们，供爸爸妈妈上学。”爸爸说。

小吉姆似懂非懂地答应了。从此，吉姆每花费一分钱爸爸就提醒他一次“这些钱以后你要还给我们”。七岁的时候，小吉姆已经不再乱花钱了，他的小脑袋里除了功课外，已经开始琢磨怎样才能依靠自己的力量挣钱，将来供爸爸妈妈读书了。

很快小吉姆八岁了，瑞恩夫妇开始攻读博士学位。随着年龄的增长，小吉姆的思维也开阔起来，有一天，他忽然想起奶奶曾经说过：“小孩子能使用简单的劳动工具后，就可以找寻打零工的机会了，诸如帮社区邻居送报纸、铲除车道上的积雪等。”吉姆想到这里兴奋不已，因为这里刚刚下过一场大雪，而且他已经会使用铁锹了。

第二天一早，小吉姆就按响了一对老夫妇家的门铃。

老太太打开门后，发现门口站着一个小男孩。

“你好，”小男孩有礼貌地说，“我叫吉姆，我来帮你们铲雪好吗？这么早就过来，会不会打扰到你们？”

老太太亲切地说：“不会！我们也是很早就起来了……”说完她对着屋内喊道：“老头子！我们的车道铲雪工作，就决定交给这位小男孩喽！”

“你年纪这么小，就这么积极地打工，将来长大一定很有成就。”老太太说，“你怎么利用自己赚来的钱？是要把它们存起来？还是拿去买糖果？”

小吉姆兴奋地说道：“我赚钱不是要买糖果用的。我爸妈都还在念书，我赚的钱，先赞助他们交学费！等我将来长大，他们答应也会帮助我读大学。”

小吉姆工作结束后得到了十美元报酬。

瑞恩夫妇对孩子的教育是十分成功的，他们让孩子参加到具体的家庭事务中，还给他设定了一个伟大的目标：“供父母上学”，结果吉姆小小年纪就具有独立能力和责任感，而这两个特征对每个孩子都非常重要，也恰恰是很多孩子都缺少的。

俗话说：穷人的孩子早当家。在过去艰苦的环境中，孩子普遍知道生活的不易，自己必须替父母承担一部分责任，尽自己的义务为家里减少生活负担，从而感受到自己应当承担的责任，希望有一天能够为父母解忧去烦，这一切都使孩子从小看到自己生活的意义，看到自己的行为能为他人带来的影响，感到自己是有用处的，从而产生自豪感和责任心。

而现在，我们的家庭已经没有了这种普遍的基础，孩子生活在无忧无虑之中，根本搞不清楚自己对父母、对家庭、对社会的责任感与

使命感从何而来。

一个没有责任感、没有价值感的孩子，因为找不到自己的生命在社会中的地位与重要性，便会感到迷惘，而失去努力成就的动力，更容易为其他一些物质性的、轻浮的事物所吸引，进而沉溺其中。因此，我们要巧妙地培养孩子的责任感，让现在的“富孩子”也能早当家。

# 鼓励孩子直面挫折

在教养孩子方面，许多父母总是显得太过小心翼翼，他们给缺少生活经验的孩子准备好了一切事情，生怕孩子受到挫折。然而父母能一辈子这样照顾孩子吗？孩子在成长过程中总会碰到各种各样的挫折，到那时这个脆弱的孩子又怎样自己渡过难关呢？因此父母要鼓励孩子从小就勇敢地面对挫折，让他们成为生活中的强者。

在一个村庄里，有一对夫妻四十得子，因而对孩子宠爱有加，这使得在蜜罐中成长的儿子无论做什么都不太专心，就连走路也走不好，时常跌进水沟里，这很是让望子成龙的父母焦心。

儿子七岁那年上了小学。可是他还是不能让父母放心，因为他走路喜欢东张西望，不是弄湿了鞋子，就是弄脏了裤子，经常抹着眼泪回家。

一天，孩子的父亲带一把锹去儿子上学必经的田埂上，在上面断断续续地挖了近十道缺口，然后用木板搭成一座座小桥，只有小心走上去才能通过。那天放学，儿子走在田埂上，看到面前一下子多出了这么多的小桥，非常惊慌，不知道该怎么办好。是走过去，还是停下来哭泣？四顾无人，哭也没有人帮忙啊。最终他选择了走过去。当背着书包的他晃晃悠悠地通过小桥时，虽然很害怕，但却有种满足感。他第一次没有哭鼻子。

回家以后，儿子跟爸爸讲了今天走过一座座小桥的经历，脸上满是神气。父亲坐在一旁夸他勇敢。

但妻子却对丈夫的举措迷惑不解，丈夫解释道："道路太平坦了，他就会左顾右盼，当然会跌倒；坎坷的路途，他的双眼必须紧盯着路，所以才能走得平稳。"

只有让孩子从小经受一些挫折，日后他们才能独立战胜生活中的挫折，从容地走向成功。要知道人的抵抗力、免疫力是一步步增强的，从无菌室里走出来的人，往往是脆弱的，他们抵抗不了细菌的袭击。所以，家长应该对"太顺"的孩子进行一些"挫折教育"，帮助孩子树立坚强的信念，无论顺境逆途都能坚强面对。而父母们首先要改变原来的教育态度，让孩子走出大人的"保护伞"，不要怕孩子摔着、碰着、饿着、累着，孩子摔倒了鼓励他自己爬起来，不能为孩子包办一切，孩子的事情让他自己做，自己能解决的问题，如要玩具自己去拿，衣服、裤子自己穿。在家庭生活中，要安排孩子做一些力所能及的事，切不可把孩子成长过程中的困难都解决掉，把他们前进的障碍清除得干干净净。

父母们应该看到这一点，当你替孩子解决麻烦的时候，也便剥夺了孩子自己体验成败的机会，从而也纵容了孩子的依赖性，让他们无法从生活中体验战胜挫折后的自信。人在一生中将会遇到很多困难，父母不能永远充当孩子的保护伞，因此，当孩子遇到困难不知所措时，家长应该鼓励孩子勇于面对困难，让孩子转动脑筋，充分利用智慧自己去解决，而不是父母亲自动手为孩子扫平道路。用你的鼓励，从小培养孩子直面挫折的意识和坚强地承受挫折的能力，方能有效地激发孩子生命的能量，使他们的自信心、创造力在危急与困难时刻发挥到极致，增长孩子竞争取胜的才干和驾驭生活的能力，而父母也少了许多不必要的麻烦。

适度的挫折对孩子的健康成长是有益无害的，孩子面对挫折所表现出来的坚强和勇敢，正是他们日后走向成功的资本。因此父母们不妨放开你的手，让孩子自己去面对生活中的一些挫折。

## 不要过分担心孩子的承受力

很多家长因为过分宠爱孩子，所以会对挫折教育抱半信半疑的态度，他们担心孩子无法承受挫折的打击，因此宁可小心翼翼地守护孩子。然而，我们能守护到几时呢？在我们生活的社会里，找不到一个没遇到过挫折的人，而且常常是受挫折越多的人越成功。因此，奉劝家长们，千万不要低估了孩子的承受力，适当地让孩子承受一些挫折，孩子会变得更坚强。

班纳特已经八岁了，但还不能很好地照顾自己，上学时还经常忘记带午饭。这样一来，担心儿子挨饿的爸爸妈妈只好在百忙之中抽出时间来为儿子送饭。他们并不想总是这样做，爸爸曾几次提醒班纳特，但他老是记不住。后来，爸爸去向一位学教育学的朋友咨询，这位朋友给了他一个建议，那就是当孩子犯错屡教不改时，可以暂时不要去管他，让孩子自己尝尝错误的结果。

爸爸以前也曾想过这个办法，但总害怕班纳特会饿坏了，因此一直没有这么做过，不过这一次他和妈妈商量了以后，决定试一试。回家以后，爸爸把班纳特叫到面前，平静地对他说："班纳特，你已经上小学了，有些事情应该不用爸爸妈妈操心了。以后可要记着带午饭。爸爸妈妈每天都很忙，不可能老是给你送饭。今后，我们都不会再到学校给你送饭去了，如果你再忘记带午饭，那就只好饿着。"

班纳特点了点头。但是，这一计划开始实施的时候，却不是那么顺利，因为看到班纳特没带午饭，他的老师就借钱给班纳特，让他自己去买吃的。为此，爸爸又来到了老师的办公室，说出了自己的打算。老师赞同他的做法，答应不再借钱给他买午饭了，让班纳特自己去解决这个问题。不久后的一天，班纳特又没有带午饭，他向老师去借钱。老师看了看他，说："很抱歉，班纳特，我答应了你爸爸不再借钱给你，这个问题你必须自己解决。"班纳特给爸爸妈妈打电话，问他们谁有空来给他送午饭。但爸爸妈妈都提醒他遵守约定，没有答应他的要求。

最后，班纳特向同学借了一个三明治，但他还是被饥饿折磨了一个下午。他因此体验到了不带午饭会给自己带来什么样的后果。从那以后，班纳特再也没有忘记带午饭了。

在这个故事中，班纳特的父母因为担心儿子挨饿，常常跑去给他送饭，一再姑息班纳特粗心所造成的错误。如果事情一直这样继续下去，那结果会怎样呢？班纳特会认为自己有对好父母，是可以完全依赖的，因此以后他还可能会忘记带作业、带钥匙之类的东西，反正他需要的这些东西爸爸妈妈都会给他送去。令人高兴的是，爸爸终于改变了做法，他决心给儿子一点教训：他和妈妈不再给儿子送饭，并阻止老师借钱给儿子。结果班纳特整整饿了一个下午，不过他再也不会犯忘记带饭这样的错误了。

让孩子在挫折中变得坚强，而不是让孩子在挫折中消沉、沮丧，教给孩子正确做法，从而让孩子学会从失败和挫折中汲取经验教训，在不断地改变之中积累经验与勇气，这样看来，谁说孩子遇到挫折或经受一点失败的考验不是一件好事呢！

教育学家告诉我们，孩子对事物的反应很大程度上是受父母的影响的。比如在班纳特的例子中，爸爸妈妈一开始的做法实际上就是降低了孩子对失败与挫折的承受力。我们应当锻炼孩子有接受生活中的挫折和失败的勇气，而不是让孩子养成依赖别人的坏习惯。

很多时候，当父母的总是低估了孩子的承受力。认为自己的孩子还太小、太柔弱，根本无法独立应对生活中的难题，父母的这种态度将使孩子形成对自己的错误认识和判断——我没有能力应付困难和挫折。另一种情况是，面对种种挫折和打击，如果父母不在孩子面前表现出对他的怜悯的话，孩子就不会对自己的处境产生错误认识，他们就能学会如何去接受失败和挫折，从而调节自己的情绪，找到解决问题的办法。

因此奉劝家长们，尽早树立这样的观念——不要认为孩子做过的任何事情都是失败的，要把我们的关心转变成对孩子的期望和激励，使孩子知道通过自己所做过的事情，得到了什么经验、学到了一些什么知识？这才是成功的教育。

爸爸妈妈应当锻炼孩子，培养他们自己接受生活中的失望及失败的勇气，而不是依赖别人，依赖于别人的怜悯，等待着父母来宽慰自己。如果我们不在孩子面前表现出我们对他的惋惜和怜惜的话，孩子就会学会如何接受失望的现实，调节自己的情绪，找到其他的替代。如果做爸爸的能够平静地对待这一失望的现实，对孩子施加好的影响，会使他们能够更容易地接受失望，迎接希望。

不要担心孩子对挫折的承受能力，培养子女对失败的坚忍态度，能在失败的泥潭中跃身而起的豪迈性情，是爸爸妈妈的重要职责之一。当然，在孩子受挫之后，我们要帮助孩子找到原因，乐观地弥补过错，不要给孩子留下任何阴影。

## 对任性的孩子要因势利导

我们经常听到一些家长抱怨："唉，我家孩子就是任性得很，不好带。"其实，任性是每个人童年时代都会出现的情况。孩子的任性并不可怕，关键是父母采用什么样的教育方法。教育任性的孩子不能专门依靠所谓的"摆事实，讲道理"，因为很多任性的孩子是不能理解父母的大道理的。所以有必要提醒家长们一句：因势利导，投其所好，才是对付这种孩子的最好方法。

有的爸爸会这样说："我的两个孩子就是不一样。一个顽皮得要死，不听话闹得要命；一个很听话，很好带，不大吵闹。"言外之意，就是有的孩子任性，有的孩子就不任性。这话有一定的道理，因为每一个孩子都有他自己的需求及个人特有的气质和性格。这些因素在每个孩子的身上各不相同，尽管他们是兄妹和哥俩。

孩子小的时候，还没有确立起是非的概念、好坏的标准。他并不知道他的要求是不合理和超越了常规的。譬如爸爸白天上班去了，孩子白天一天没有看见爸爸，于是爸爸下班一回来，孩子就吵着要爸爸抱。甚至到了该睡觉的时候，他也不去睡觉，当然也不让爸爸睡觉，死死地缠住已经工作了一天、十分疲惫的爸爸，还要爸爸抱着他在屋子里走来走去。爸爸累了，走不动了，把他放进小床，他就又哭又闹起来。爸爸气急了，训斥他。其实，他何尝是瞎吵？他只是因为一天没有见着爸爸了，他需要和爸爸的亲昵。至于爸爸上了一天的班，已经工作了八个小时，累了，他当然不懂，也不理解。孩子的这种任性难道不是一种自然的要求，合理的要求吗？

又如有的孩子，吃饭的时候专挑好的吃，而且他喜欢吃的就不许别人动筷子，否则就闹个没完没了，也是孩子任性的表现。但是当孩子有这种表现时，做家长的绝不应因为孩子哭闹就火冒三丈，大发雷霆。当然，也不能听之任之，迁就姑息，或者像有些老人做的那样：就让孩子一个人吃吧！反而应当开始警惕注意：孩子的这种不良表现，是不是由于过去一段时间自己放松了对他应有的教育？或者这才是一个开头？不管是前者，还是后者，孩子的这种表现都给家长们敲响了警钟：是应该有意识地培养孩子良好的生活习惯了，是应该开始教育孩子怎样做人了！

当然，孩子很小，要培养孩子良好的生活习惯，教育孩子如何做人，不能光靠说理，那样孩子是接受不了的，也是不现实的。比较可行的方法应该是，发现孩子的良好表现，并通过表扬这些表现来巩固孩子的良好行为，进而培养孩子的良好习惯。具体地说，在孩子在吃糖果时，遇到了其他的小朋友，爸爸妈妈应该叫孩子把糖果分给小朋友吃。如果孩子这样做了，就应该立即给予表扬：“宝宝真乖。这样做伯伯阿姨就喜欢你！”因为孩子最快乐的就是能得到别人的喜欢。

家中吃水果，可以先要孩子送给爷爷奶奶，或爸爸妈妈，有哥哥妹妹的还可以叫孩子把水果送给哥哥妹妹，然后再自己吃。在孩子送水果给老人们的时候，爸爸妈妈就可赞扬说：“啊，我们的宝宝真懂得礼貌！真乖！真是乖孩子！”在表扬时，爸爸妈妈应该面带笑容，做出亲热的表示。父母及时的夸奖能促使孩子重复这些良好的行为，进而养成尊敬老人，尊敬父母和兄长，与小朋友和睦相处的良好习惯。

与此同时，爸爸妈妈应该注意尽量消除妨碍孩子形成良好习惯的一切消极因素。放纵、姑息、迁就是一切不良习惯的根源。

有的父母见孩子喜欢吃什么，就不允许家中别人再吃，这样无意间就鼓励了孩子的自我中心和利己主义，于是他就对好吃的东西进行垄断，不许别人沾边。水果别人不能吃，甚至爷爷奶奶吃了他也都要吵要闹。吃饭的时候，好菜只能他一个人吃，而且要放在他面前。孩子一旦有了这种不良习惯，家长就必须进行批评，指出这种行为的错误。反之，如果发现了这种开头，爸爸妈妈仍付之一笑，甚至故意逗弄孩子："不让爸爸吃吧！"那么孩子没有明确的是非，当然只会变本加厉，最后不可收拾。

这就是为什么说爱必须是严格的。严是爱的表现形式之一，没有真正严格的要求，也就不会有真正的爱。所谓"爱之愈深，责之愈切"就是这个道理。严格要求孩子，就是在他们懂道理的基础上向孩子不断提出合理的要求，并且在生活实践中坚持执行。

不过，话又说回来，严格要求孩子，做起来却并不那么容易。原因就是父母总喜欢或容易原谅孩子，对孩子的一些不太好的行为与言论给予宽容，而不能够真正及时纠正或及时提出。同时，做父母的也并不都懂得：爱就必须严。

其次，爸爸妈妈在培养孩子良好的习惯时，必须要有连贯性。当我们固定的某一人培养和教育孩子时，教育的连贯性比较容易做到。当一个孩子由周围或家庭里几个人：爸爸、妈妈、奶奶或还有阿姨几个人同时负责培养时，由于每个人有各自不同的观点，没有统一的认识，在培养孩子上就会步调不一，宽严不一。它的具体表现就是许多家庭中常出现爸爸、妈妈与奶奶、爷爷的矛盾。爸爸妈妈想严格要求，爷爷奶奶要庇护。这时就要求爸爸做好大家的工作，力求在教育观念上达成一致。

要想把孩子教育成一个真正对社会有益的人，培养孩子的良好性格，爸爸妈妈必须精心注意孩子的成长。这里既有生理上的成长，同时也有心理和精神上的成长。注意孩子的言行表现，从小培养孩子良好的道德品质，在萌芽阶段纠正孩子的不良品性。

## 不能让孩子只知道舒服地生活

现在经济条件越来越好了，于是家长们可能觉得自己小时候吃了不少苦，现在有经济能力了，就一定要让孩子生活得舒舒服服，然而，这种想法是很危险的，如果孩子只知道花钱，不懂得节约，更不懂得靠劳动去挣钱，那么这样的孩子长大后，恐怕很难取得什么成就。

人人都说张航生活在蜜缸里，他的爸爸是某纺织品厂老板，妈妈是个医生，家里有别墅、汽车，从小张航就要什么有什么，爸爸妈妈都觉得自己就这么一个孩子，家里条件又好，千万不能委屈了孩子。张航八岁的时候，有一天，爸爸开玩笑地问他："张航，你吃最好的、穿最好的，你的钱哪来的呀？""爸爸妈妈给的呗！""那你可要好好学习呀！将来工作了，挣钱养爸妈！"张航却眨眨眼睛，一撇嘴说："你不是说咱家有好多钱吗？那就一起花呗！我长大了就去旅游，自己买玩具，还要天天玩！"爸爸有点不高兴了："你要当米虫啊！我又不能养你一辈子，反正长大了就得自己工作挣钱去！"张航转身就跑出去玩了，爸爸的话根本就没听进耳朵里去。张航 13 岁时，已经成了班里的小财主，花钱如流水，可爸爸妈妈认为现在的孩子都是这样，反正家里有钱。有一天，老师向他的爸爸妈妈反映说，同学们写作文描述自己的理想，有的要当科学家，有的要当飞行员，还有的要当工人……只有张航写着他要当米虫，每天吃、喝、玩。

这个问题，张航的父母恐怕要先问问自己，因为正是他们的娇惯，让张航只知道舒服地花钱，却不知道赚钱的辛苦。而骄奢就会使人失去进取心，只懂得享受，不懂得奋斗。

我们不妨来看看富豪们是怎样对他们的孩子厉行训俭计的：

洛克菲勒是世界上第一个拥有十亿美元的富翁。尽管他富甲天下，但他从不因此放任孩子们。

洛克菲勒意识到：富家子弟之所以浑浑噩噩，是因为他们不必为挣钱而发愁，为职业事业拼搏；终日锦衣玉食，腐败堕落，到头来碌碌无为，一事无成。

因此，他只给孩子很少的零花钱，让他们经常处于经济压力之下，让他们注意节俭，并希望他们靠自己的双手去赚钱。孩子们都学会了靠劳动赚钱，如拍死100只苍蝇，可得十美分，捉住一只老鼠得五美分，背柴火、垛柴火或锄地、拔草都能挣到钱。

三儿子劳伦斯七岁、二儿子纳尔逊九岁时，取得了擦全家皮鞋的特许权：清晨六时起床就开始擦皮鞋，擦皮鞋每双五美分，长统靴每双十美分。

有一年，男孩们创办了一个菜园，他们种的西葫芦、南瓜等获得丰收。洛克菲勒便按市场价格向六岁的四儿子温思洛普买他种的南瓜。而其他的孩子则把他们的产品用儿童车推到市场上，卖给当地的食品杂货店。这些劳动使孩子养成了节俭的好习惯，他们绝不会像一般的富家子弟那样挥霍钱财，因为他们的每一分钱都是辛苦赚来的。

洛克菲勒对子女们严格的节俭教育，使子女们养成了很好的习惯，他的五个儿子个个事业有成。

当然，让现在的孩子去做这些工作来赚取零用钱，可能不太现实，而我们举这个例子，也只是为了向家长们说明这样一个道理：有钱也不能让孩子太“富裕”，让孩子只知花钱却不知人间疾苦就是在害孩子。因为一些权威的教育学家已经提出了这样的问题：“一个没有俭朴习惯的孩子，一个只知道舒舒服服地享受生活的孩子，长大后可能热爱自己的工作吗？”在这些专家眼里，俭朴与勤劳是密切相关的。很难想象一个不爱惜东西、不珍惜金钱的人会热爱自己的工作。

因此，家长们在生活中，应该有意识地培养孩子节俭的习惯。比如要求孩子承担一定的家务劳动，而零用钱就按他完成任务的质量好坏来适量给予，如果家庭富裕的话，就要让孩子知道钱并不是自己从天上掉下来的，每一块钱里面都凝结着父母的辛劳，因此，一定要珍惜父母的劳动成果，逐步克服骄奢之气。

成由勤俭败由奢。为了孩子的将来，父母不能只顾让孩子现在生活得舒服，而应该注意培养孩子勤俭的美德，这才是孩子一生最宝贵的财富。

# 二、孩子稚嫩脆弱的心灵，你是否真的十分在意

有一点毫无疑问，父母都希望自己的孩子既聪明又健康，尤其是孩子的健康更是家长时时挂在心上的问题。但家长们扪心自问，我们是否足够关心孩子的心理健康呢？这又是许多家长的一大硬伤——他们常有意无意地伤害孩子稚嫩的心灵。事实上，目前，学龄前儿童的心理健康问题已经呈现普遍化！家长们如果再不注意孩子的心理保护，将会导致孩子发生学习困难、交往困难等适应不良现象，甚至引发更严重的后果。其实，每个孩子都是天使，只要你给予他们一缕缕的阳光，一滴滴的雨露，哪怕他们没有极好的天赋，没有强壮的羽翼，同样可以飞翔，同样可以拥有美丽。作为家长，当孩子的内心亮起红灯时，你需要用心倾听他们内心深处的呼喊，需要用爱去呵护他们稚嫩脆弱的心灵。

## 别伤了孩子的自尊心

孩子总难免有一些缺点，会犯一些错误，而一些家长往往过分重视孩子的缺点和错误，动辄对孩子进行羞辱和讽刺，对孩子缺乏应有的尊重，以这种方式对待孩子的结果是，年纪小的会害怕、畏缩，年纪大的会心生反感、敌意，既达不到教育的效果，又造成了亲子间的疏离。

生活中，最常见的是父母因孩子成绩不好而责怪孩子、羞辱孩子。

贝贝是个小学四年级的孩子，他是班里的尖子生，但这次考试却因为马虎而失利了，数学只得了69分。拿到成绩单后，妈妈的脸马上沉了下来，她开始骂儿子："就这成绩，以后你可怎么办？""还说什么'尖子生'，我看是'差等生'吧！""我告诉你，以后再考这种成绩，你就别进门，废人！"

像这种责骂的方法，简直是毫无理性可言。孩子当然知道要用功，只是一时疏忽才考得不好，母亲怎能一生气就骂孩子是"差等生"呢？这实在是太过分了！

或许这一类的父母认为，这样也没什么大不了的，因为他们心想："儿子是自己的，即使骂得重了点，也不会怎么样，何况，如果不这么骂，他根本就不当一回事。"可是，他们没有想到，孩子心里却觉得人格受到轻视。不管怎样，这种责骂的方式，显得非常不明智。

其实，每个人都有被别人尊重的需求，不要以为孩子年龄小就不需要被尊重，教育学家早已告诉我们，伤害孩子的自尊心，是教育孩子的大忌。因为不尊重孩子不仅会使父母与孩子的关系疏远，还会使孩子尊严扫地，很难再以正常的心态去面对人与事，去面对自己的人生。

因此，真正懂得教育的父母，是绝对不会去伤害孩子的自尊心的，他们善于运用“尊子计”满足孩子的自尊心，更好地教育孩子。其实，这一点并不难理解：人都有一个特点，你说的事情让我内心满足，我当然愿意听你的，否则我为什么要听你的？孩子感觉到你尊重他，他就会听你的话；如果感觉到你不尊重他，他就很反感，当然就对你的话听不进去了。

## 千万不要带着偏见教育孩子

偏见对一个人的影响是非常大的，有了先入为主的印象后，你就很难正确地评价一个人。在教育子女这方面，家长尤其要留神，千万不要带着偏见去教育孩子。

有这样一个故事：

达达是小学四年级的孩子，他很聪明，就是不爱学习，不仅如此，有时候他还喜欢耍点小聪明。比如，有一次他就把成绩册上的 39 分改成了89分，惹得父母又气又恨。有一段时间，达达看了几本科普书，他觉得自己应当努力学习，长大后当个科学家，也去研究机器人什么的。于是达达开始努力学习，结果在期中考试的时候，竟然由倒数第三名前进到了第九名。那天，他兴冲冲地拿着成绩单冲回家里，结果父亲在反复检查了成绩单的真伪后竟然说："成绩不错，抄同学题了吧？"妈妈也在一旁皱着眉头说："达达，作弊是最可耻的，知道吗？你怎么越学越坏了呢？"

"爸爸妈妈，你们怎么这么说我？"满心等待父母表扬的孩子，心情一下子坠入到谷底，哭着跑回自己的房间。

从此这个孩子放弃了努力，他的学习成绩又跌回到原来的水平，因为对他来说，成绩固然重要，但尊严更不容践踏，所以只有选择以一如既往的成绩来证明自己的清白。这不仅是父母的悲哀，更是孩子的悲哀。

由于父母平时对孩子已经有了"成绩差"这样一种先入为主的印象，在孩子进步后还是以原来的标准去评价孩子，对孩子造成偏见、成见的错误认识，结果既伤害了孩子的自尊和进取心，也影响了父母在孩子心目中的形象，孩子会觉得父母因为成绩差就打击自己，这说明他们不是真的爱自己。

然而很多家长都不自觉地对孩子形成了一种带有偏见的认识，尤其是对那些以前"公认"的"坏孩子"。大人们的这种偏见是对孩子心灵的暴力，严重地阻碍了孩子愉快健康地成长。

更糟的是有些家长，一旦发现孩子在年幼时有不聪明的表现，七八岁时有蠢笨的举止，便断言："这孩子脑袋太笨了，这么简单的问题都不会，甭指望他（她）有出息了！"与错误的失望情绪随之而来的，就是父母对孩子的爱骤然降温，从此，孩子则随时能够领教到父母的责骂与轻视。其结果，肉体施暴，伤及皮肉；心灵施暴，损毁自信。受伤的皮肉很快康复，受伤的心灵却可能一辈子也难以愈合。

下面这个例子就可以让你清楚地看到偏见对人们的影响。

在美国密歇根州的一所大学里，心理学家找了20名大学生做了这样一个实验。实验者把这些大学生分成了两组，并向两组同学出示同一张照片，但在出示照片前，向第一组学生说：这个人是一个罪大恶极的罪犯；对第二组学生却说：这个人是一位了不起的人物。然后他让两组学生各自用文字评价照片上这个人的相貌。

第一组学生的描述是：深陷的双眼表明他内心充满仇恨，鹰钩鼻子证明他沿着犯罪道路顽固到底的决心……

第二组学生的描述是：深陷的双眼表明此人思想的深度，鹰钩鼻子表明此人在人生道路上有克服困难的意志……

心理学家得到了他所预见的答案，但对对比如此鲜明的答案，还是不禁哑然！

看到了吗？明明是同一张照片，只不过因为带着偏见去看，就出现了两种完全不同的评价。看来偏见的威力实在是惊人。

我们之所以认为，偏见对孩子成长有危害，不仅因为它会伤害到孩子的自尊心，还因为它会给孩子带来消极的暗示。比如说，在学校里如果老师按照学生的成绩排座位，那么坐在后几排的学生就会认为：“这就是说我没希望了，我被抛弃了！瞧，我是差生，永远也不可能坐到前几排，老师当然也不会喜欢我！”这样一来，孩子也就不会再费劲儿地去努力学习了。

父母们都应当认识到，偏见是对孩子心灵的暴力，在教育孩子的问题上，家长不应对孩子抱有任何成见，任何时候都不该有“这孩子注定没出息”的错误思想。否则这种伤害孩子心灵的态度会严重伤害孩子的自尊心，既不能使孩子充满自信，也不利于孩子其他方面的发展和成长。

所以，如果一个平时调皮捣蛋的孩子，突然收敛了往日诸多“捣蛋”的行为，变得安静温顺起来，那么家长和老师就应该相信孩子的变化，赞赏孩子改变自己的勇气和他的上进心，因为这很可能是因为某件事情给他带来了触动。家长每天都应该以全新的眼光来看待孩子，千万不要用旧有的心态评判他们，要知道成长中的孩子可塑性极强，过去不等于现在，更不等于未来。

孩子在成长过程中，可能会出现很多出人意料的转变，因此家长不要带着偏见教育孩子。要包容孩子，让孩子感受温暖、感受希望，这样孩子才能健康地成长。

## 别用比较来伤害孩子自尊

包容就意味着尊重，开明的父母就是能用包容的手段维护孩子的自尊心，给孩子自信心的人。能包容的父母才会有聪明上进的孩子，那么要让孩子感受到你的包容、你的无条件的爱，首先要做到的就是别拿自己的孩子跟别的孩子比来比去。

丹尼尔是个内向的孩子，从小生活在祖父母身边，祖父母有他们自己的工作要做，没有多少时间注意丹尼尔，因此丹尼尔就越来越沉默了。整天一副心不在焉的样子。后来丹尼尔又回到了父母身边生活，但爸爸脾气暴躁，常常会责骂他。而让丹尼尔最难过的就是，爸爸总喜欢用比较来证明他有多没用。“你简直白活了八岁，看看你的成绩，真让我为你感到难过。你看看隔壁的唐纳德，他和你念同一年级，年龄比你小两岁，可成绩却是你的三倍！”丹尼尔的学校举行游园会，邀请家长一起参加，孩子们为家长表演了一场舞台剧，唐纳德是主角，他打扮成王子站在舞台中央，而丹尼尔则扮演一位端水的仆人，而且由于紧张，丹尼尔还在舞台上摔了一跤，惹得家长们哈哈大笑。回到家以后，丹尼尔的父亲又开始责骂起儿子来：“怎么搞的？你为什么要在大庭广众之下丢人！看看人家唐纳德，打扮成漂漂亮亮的王子！你呢，卑微又丢脸的仆人！你为什么就不能学学唐纳德……”在父亲的责骂声中，丹尼尔脸色惨白地缩在椅子上，心里只有一个想法：杀死唐纳德！没有他，爸爸就不会再这样责骂自己了。两天后，丹尼尔偷出了爸爸的手枪，在学校里打死了唐纳德。悲剧发生后，丹尼尔的父母悲痛得不能自已，用爸爸的话说就是：“我是爱孩子的呀！只是他的怯懦让我无法容忍。比较也是为了让他进步啊！”

丹尼尔的父亲认为比较可以促进孩子进步，然而这只是他一厢情愿的想法。在丹尼尔看来，父亲的消极比较就是对他的否定，是厌憎他的表现。如果这位父亲当初能对孩子多一点包容，不要拿孩子比来比去，那么悲剧也就不会发生了。

生活中，我们常见到父母抱怨子女说：“为什么莉莉考得比你好呢？”“你看看人家童童，科科一百！你为什么就不能向好孩子学学？”……

这就是父母常用的比较，他们习惯于拿他人的优点来比较自己孩子的缺点，也许他们是出于想要激励孩子的好心，但孩子脆弱的心理怎能承受如此的不被肯定，而且还是来自自己的父母。通常的结果是，比来比去，把孩子的自信心和自尊心都比没了。

有调查表明，近三分之二的家长喜欢夸奖别人的孩子。这样做往往出于不同的动机，有的是为了刺激孩子，让他为自己感到羞耻；有的是为了激励自己的孩子进步；有的纯属向自己的孩子发牢骚，嫌自己的孩子不争气。无论何种情况，只要家长的比较包含着对自己孩子的贬抑，都是对孩子自尊的一种伤害。

拿别人的优点来与孩子的弱点比较，是一种消极的比较法，只能在孩子心里播下自卑的种子。家长越比较，他就越会感到自己是个“无用的人”，从而陷入“自我无价值感”的深渊，产生对什么都不感兴趣、破罐子破摔的心理。

竞争是重大压力的来源之一，它会打击人的信心，使本来已有的能力无从发挥。因此，自小便培养孩子与人相比的想法是很不健康的，结果往往是孩子变得更脆弱、更经不起挫折和失败。我们要注意的是培养孩子克服挫折和失败的勇气，而不是使其成为竞争的牺牲品。

## 父母不能随便揭孩子的短

孩子们会做错事，因为孩子们不可避免地会有缺点，而且这些缺点也正是造成他们挨骂或父母唠叨的原因。责骂也好，唠叨也好，最好就让它们停留在家庭的圈子里：母女之间、父子之间。

但有的父母有时喜欢对邻居和客人们讲：“唉，我这个孩子就是不读书，功课总是不及格。”或者：“我这个孩子就是喜欢说谎，真是气死人！”父母这样说，也可能出于无心，只是一时气愤或心血来潮，或者说明自己责骂孩子的原因。不论是前者，还是后者，这样做都是不对的。这样在外人面前张扬孩子的缺点，丝毫无助于对孩子的教育，而只会伤害孩子的自尊心，使他无地自容，在人前抬不起头来。

另外，在邻居和几个好友相聚时，有的人喜欢对主人的孩子夸奖几句。这通常是一种客套。可有的母亲为了表示谦虚，在听到赞美时总爱说："唉，我这个孩子任性得很，不太听话！"或者："都小学五年级了，还娇气得很，什么事都要做母亲的督促！"如果孩子没有这些毛病，为了谦虚，母亲这样说就不对，即使孩子真有这些缺点，也不应向外人张扬。

孩子到了一定的年龄，他们知道自己的缺点，他们有羞耻心。自己的缺点家人知道没有什么，但说与外人知道，面子上就觉得过不去了。因而这样会使孩子产生羞辱感，令他们自惭形秽。所以，父母在与外人交谈时，谈到自己的子女绝不要揭短。因为父母无意间向外人讲自己孩子的缺点，无异于向第三者说他并非是一个好孩子，极端不利于对孩子的教育和孩子的健康成长。相反地，作为父母对孩子的点滴进步要时刻加以肯定。譬如在外人赞美自己的孩子时，父母可以说："是的，我的孩子最近进步很大！"这样孩子觉得光彩，同时也会更加奋发向上，具体应注意以下要点：

1. 不要否定孩子将来的发展

我们有的父母在孩子不听话、屡教不改，或者不认真读书、不做功课时，气急了，就会骂出一些令人泄气的话来："你是一个十足的废物！""你将来还会成个什么有用的人？鬼都不信！""你还想有什么作为，做梦！"

父母一时的气话却足以构成对孩子终身的伤害，因为它截断了孩子对自己将来的希望和美好的憧憬。一个对前途失去了信心，一个没有前途的孩子，他还能好好读书吗？读了书干什么呢？

社会调查显示，不少青少年犯罪就是因为在家受到父母的藐视，产生了挫折感，于是产生了破罐子破摔的想法，而自暴自弃。这是因为不论孩子的年龄大小，父母对他们前途的否定都会对他们造成极大的打击。尤其是稚龄的孩童，父母讲的话对他们更具有绝对的权威性。即使没有产生什么不良的具体行动，在人格上也会形成极大的负数。

一个人的前途是很难预料的。今天有许多企业家在30年前或者20年前还是农家子弟，有的甚至在念小学或中学时也是成绩不好的孩子。这是因为一个人的成长，除了取决于主观的因素外，还取决于外部条件和环境，那就是机遇。而一个人的才能又是多方面的，有的人不会读书，但可能精于经营。何况一个孩子未来的人生道路还长得很呢！一个人不管现在多么平淡无奇，只要对将来抱着“前途大有可为”的希望，就会激起无穷的力量。这也就是俗话所讲的：“不要把人看扁了！”“不要把话说绝了！”

2. 鼓励孩子争取成功

孩子面临一个新的挑战的时候，往往会对能否取得成功产生焦虑。焦虑是各种年龄的孩子都会产生的，父母的任务是采取有效措施，化解孩子的焦虑，增强孩子的成就动机，使孩子取得一个个成功。

要点如下：

（1）不要从负面去暗示孩子

孩子产生紧张或焦虑的时候，父母千万不要用自己的言行去暗示孩子，使他们更加紧张。孩子感到为难或焦虑的时候，父母应该使自己保持平静。比如孩子要去参加演出、比赛或考试，父母必须做到心平气和，既不要自己紧张，也不要老对孩子讲“别慌”、“别紧张”。研究证明，这一类的言语具有很大的暗示性，常常会使孩子更加紧张。

（2）用孩子的成功经历去鼓励孩子

父母要善于使用孩子过去的成功经验去鼓励孩子，这是很重要的。事实证明，成功的经验可以极大程度地加强一个人的成就动机，增强一个人克服困难的信心。当孩子面对一个新的挑战的时候，父母可以帮助他们回想起以前类似活动的成功体验。这类成功的经验与当前活动的时间越接近，这种激励作用就越大。

（3）给孩子一个惊喜

为了确保孩子成功，在必要的时候，父母可以给孩子一个意想不到的奖励，比如送给他一本新图书，或请他吃一顿快餐，或给他买一样他很希望得到的物品等。这对于缓解孩子的紧张情绪、增强成功的动力都是很有效果的。

## 谨防有意无意的心理虐待

心理学上有一个术语叫心理虐待。把心理虐待一词用在父母身上有些耸人听闻，其中一些虐待是故意的，法律上明确规定了的，比如毒打；有些则是没有明确的法律规定的，但是这些行为对孩子的身心发展很不利，我们也称之为虐待，包括精神上的虐待。

所谓“心理虐待”又称“心灵施暴”或“情感虐待”，是指那种在幼儿教育过程中有意无意地、经常性或习惯性地发生的伤害性的言行。心理虐待对儿童造成的伤害不像体罚那样显现在外表，在短期内难以看到其负面影响，因此不易引起人们的注意，更难以对其进行量的统计。然而心理虐待给儿童造成的伤害与体罚一样严重，甚至还大于体罚所造成的伤害。

目前最令人悲哀的是这样一种现象：父母往往物质上对孩子无微不至，而在心理上对孩子却很吝惜，甚至刻薄。

例如以下的做法，对孩子的精神发展非常不利。

1. 对孩子冷漠

爱的剥夺对孩子的心灵伤害至深。有的父母不缺孩子的吃穿，却对孩子不管不问，不拥抱孩子，不和孩子一起玩儿，视孩子为负担，把孩子扔给保姆或者爷爷奶奶。这样的条件下长大的孩子感到生活根本就没有意义，对人缺乏信任，冷漠，破坏欲强，容易和其他遭遇相似的孩子混在一起，形成犯罪小团伙，也容易被其他的成年犯罪分子所谓的关心拉下水。一个缺衣少食、干重活的孩子，如果有温暖的家庭，不会造成心理上的不健康，而如果情况相反，孩子的人格发展极有可能出现问题。

2. 隔离孩子

美国曾经有一个极端的案例：一个出生后一年多就被关在小厕所的女孩，在十多岁被发现时，身体发育、智力发育只相当于几岁的孩子，连说话都不会。现在有些父母担心孩子出外不安全，把孩子关在家里，孩子孤单得不得了。在幼儿园、小学阶段，孩子们就可能受到人际关系问题的困扰。

3. 剥夺孩子玩游戏的权利

孩子的天性就是爱玩游戏，在游戏中，孩子得到快乐。现在的父母往往对子女期望很高，让孩子每天都是要么做作业，要么参加各种各样的辅导班，让孩子每天忙得喘不过气。不让孩子玩儿的另一个后果是导致孩子厌倦学习。父母剥夺了孩子游戏的快乐，也使得学习中发现新知识的快乐变成了负担。

4. 忽略孩子的进步

在孩子看来，每当他取得一点进步，就值得好好高兴一番。有的父母不懂从孩子的角度来看问题，或者担心孩子听到表扬之后骄傲，就老是批评孩子，不把孩子的进步当回事儿。久而久之，孩子也会认为自己真是没有用，丧失进步的动力。

5. 损伤孩子自尊

有些父母在孩子的同伴面前，毫不留情地数落孩子，揭孩子的短，让孩子感到无地自容，这也容易让自己的孩子成为小伙伴们嘲笑的对象。社会心理学有个术语叫作“标签效应”，意思是说，对人的看法就像给人贴了一个标签一样，使得此人以后做出与标签相符合的行为。父母当众说孩子调皮不听话，就是给孩子贴了一个标签，以后即使孩子有了改变，别人对孩子的看法还是很难改变。

6. 迁怒于孩子

有的夫妻因爱成仇，离婚后不许孩子和另一方接触，在孩子面前辱骂另一方。孩子看到自己最亲爱的两个人如此相待，哪里还会相信有真正的关爱？还有的夫妻每当看到孩子就想起对方，不由得怒从心中来，责骂孩子，孩子会觉得自己是多余的。这样的孩子缺乏安全感，容易出现行为问题，将来到了谈婚论嫁的年龄，虽然心中渴望爱情，但是又心怀恐惧，在感情问题上非常敏感，也容易出现问题。

7. 破坏孩子心爱的东西

小孩子往往有个百宝箱，里面装满了他心爱的东西。另外，孩子对小动物的喜爱、亲近更是一种天性。父母在看待这些东西时，往往会觉得那简直就是一堆破烂。

有的父母不仅自己动手，有时还逼着孩子亲自扔掉、破坏掉这些东西。现在的孩子多有玩具、宠物，有时候扮演了孩子的朋友的角色，孩子无微不至地照顾宠物，对玩具娃娃小心呵护，实际上是在锻炼如何去关爱。

很多父母都抱怨，孩子长大后不知道如何爱别人，不懂得体贴别人，却没有想一想，在孩子小的时候，父母有没有有意识地引导他如何关爱？

不要以为心理虐待没有什么要紧，其实这造成的伤害甚至还大于体罚所造成的伤害。缺乏父母关怀爱抚和鼓励的幼儿比遭到父母体罚

的幼儿，其心灵所受到的创伤更深，智力和心理发展所受的损失更大。遭受心理虐待的孩子更容易误入歧途，诱发严重的社会问题。

## 给予孩子更多的关注和肯定

有些孩子走路总是低着头，不敢与人主动打招呼；不敢当众发言，怕引起别人的注意，而且也不敢正视别人，说话低声细语，整天愁眉苦脸，父母因此忧虑不已：孩子这么自卑，以后怎么跟人打交道啊！

其实，这些孩子也讨厌自己畏畏缩缩的样子，在内心深处，他们甚至比普通孩子更加渴望得到父母和老师的表扬和关注。因此，如果爸爸能够给予孩子更多的肯定和关注，让孩子喜欢自己，那么孩子自然而然就会大变样。

有一个孩子，从小就特别害羞，爸爸还曾取笑他："我的这个儿子简直比女孩还要害羞！"孩子渐渐长大了，他的害羞的情绪好像更强烈了，看到陌生人不敢说话，路上遇见老师同学都要躲着走，爸爸很生气，骂儿子没出息："连和人打招呼都不敢，以后能有什么用啊！"爸爸失望地说。孩子在日记中写道："现实中，我是一个没用的孩子，害羞、内向、胆怯，什么也不行！可是我多么渴望自己能像同学们那样啊！神采飞扬地演讲，大声地说笑，在运动会上拼搏，在同学的加油声中飞跑……我真讨厌现在的自己！"

教育学家告诉我们，孩子的自卑心理是可以调整的，自卑的孩子需要鼓励、需要肯定。如果父母、老师能够多给这些孩子一些关注，让他们悦纳自己，不再厌恶自己，那么这些孩子就会变得更快乐、更自信！

那么，爸爸们应该怎么做呢？

1. 给孩子更多的关注

自卑的孩子其实渴望别人的关怀和关注，特别是老师和家长的关注。所以，我们应适时地满足孩子的心理需求。

萧萧长相不出众，胆小畏缩，上课很少回答问题，喜欢一个人在教室里呆坐。在一次手工课上，老师让大家做纸飞机，萧萧一点也不会，老师过去教他，可他还是不会。全班小朋友一起喊："老师！让萧萧上台去做。"老师原本怕伤了他的自尊心，正打算制止他们，却见萧萧显示出从没有过的开心，和同学推挤嬉笑。老师顿然明白，萧萧的自卑也许正是因为从来没有像今天这样备受关注。

这个故事很值得深思，爸爸们应该从中得到领悟，多给孩子一些关注，他会逐渐懂得肯定自己的价值。

2. 多给自卑的孩子一点表扬

对自卑的孩子，爸爸要适当降低对他的要求，不要太过苛求孩子。对他们正在做的好事或平时的点滴进步，都应及时予以表扬或肯定。

菲菲是个自卑的孩子，一次，菲菲在画纸上画了一个会飞的小人，一起玩的小朋友看了哈哈大笑，都说菲菲笨！菲菲低着头，脸红红的。这时爸爸拿起菲菲的画，脸上露出满意的表情说："菲菲的想象力真丰富，她是画了一个外国的小朋友，飞来我们这个城市玩的，爸爸猜对了吗，菲菲？"菲菲深深地点了点头。小伙伴们走了以后，菲菲跑到爸爸面前说："爸爸，谢谢你！"听到菲菲的这句话，爸爸很高兴，因为孩子的肯定是最珍贵的。当然，需要强调的是，你应该让孩子觉得：你对他的表扬完全是诚恳的，而不是应付的、客套的，这样孩子才会真正相信自己是值得别人喜爱的。

3. 多帮孩子肯定自己

自卑的孩子，心中的自我肯定往往也是脆弱的，因此极需要得到父母经常不断地强化。强化孩子自我肯定的方法很多，比如：可让孩子为自己记一本进步手册，并告诉孩子，所谓"进步"，并不一定非得是了不起的成就，任何小小进步，以及为这种进步所做出的任何小小努力，都有资格记载入册；爸爸也可为孩子准备一些小小的奖品，如钢笔、玩具、CD 等，每当孩子做出了一件令他自己感到自豪的事或一点成绩，爸爸就以奖品鼓励他；爸爸还可以教孩子不断地对自己做正面的暗示，比如，当孩子遇到困难踌躇畏缩时，爸爸不妨让孩子自己鼓励自己："这没什么了不起的，你一定能行的！"

记住，家长的肯定就是医治孩子自卑心理的灵丹妙药，这种肯定会使他们对自己有个全新的认识，并慢慢地找到信心。

## 帮助孩子度过心理危险期

12 ~ 15 岁是孩子心理发展的危险期。这是青春发育期，也是孩子最容易出现各种问题的时期。一直很听话的孩子也变得不太听话了；

父母教育他，他不但不听，还常常对父母发脾气；做什么事都爱我行我素，情绪易冲动等等。可以说，这一时期也是他们最不安定的时期，父母必须高度注意这个时期。

在一次心理咨询时，一个孩子的妈妈对我们说：“我的儿子欣欣小时候很聪明，小学成绩好，也很听话。可是上了中学以后，光喜欢听流行音乐，玩游戏机，学习成绩下降。我们大人讲讲他，他总要和你顶嘴，真让人生气！”

刚念初中的孩子，显著的特点就是“变”。生理上在变，孩子开始发育了；心理上也在变，父母会发现，不知从什么时候起，孩子不听话了，你往东，他偏往西。

在这个时期，孩子对母亲唠叨的管束和父亲呆板的说教深为反感。因为，此期的孩子已经进入青春发育期，突出表现是具有逐渐增长的成熟意识，但社会经验不足。个体的长大和生理的逐渐成熟使孩子认为自己已是大人了，但心理上又摆脱不了孩子的习惯和幼稚行为。这种不和谐的矛盾使孩子产生了心理上的“自我不协调”的冲突，潜意识地憎恨自己的软弱和无能，进而仇视父母的管束。

危险期孩子的表现为情绪急躁，有时非常自信，有时却非常自卑。有时莫名其妙向父母发脾气，做什么事都我行我素，不愿意与父母商量，富于冲动和冒险性，用反抗来探索自己的价值与力量。这种情绪的变化正好反映了他们认识上的不足，如处理不当，极易导致各种心理障碍，严重的会离家出走，甚至自杀等。

因此父母应更加慎重，多想办法与孩子沟通思想与感情，做到既是孩子的父母，又是他们的朋友，决不能简单地压制。父母可以帮助他们选择好的朋友，同时注意青春期与异性交往的问题，既不能管制，也不能放纵，而要正确地加以引导。儿童少年的反抗性是正常的心理发展过程，并不是坏事。这种反抗是青少年人格第二次诞生时的阵痛，是既想脱离父母，又舍不得脱离的矛盾心理状态。如果父母横加干涉，孩子会更起劲地“反抗”；反之，在父母的冷处理下，孩子却会悄悄地向你请教。因此，做父母的要善于利用孩子的反抗与服从、自主与依赖的矛盾心理，因势利导，让孩子顺利度过“第二反抗期”，这对孩子的心理健康及成才都大有益处。据跟踪对比研究：高反抗孩子中84%的人意志坚强，有主见；低反抗孩子中只有26%的人才具备这种能力，而大多数不能独立承担任务，做事不果断。

父母应当认识到：子女是独立的个体，他们有自己的追求和希望，不能将自己的好恶强加给子女。这样同时减轻了父母和孩子的心理压力，使子女可以花更多的精力去寻找自己的追求，取得事业的进步。

在这一时期，如果教育方法不当，就有可能导致孩子各种心理障碍，严重的还有可能导致孩子离家出走，甚至出现我们父母不愿意看到的更为严重的后果。因此，在教育的过程中，除了因势利导外，还需特别慎重。父母应尽量与孩子多沟通，多交流，了解他们的心理，掌握他们的思想动态，融洽与孩子的感情，切忌采取简单的压制办法。

事实证明，简单地压制不但收不到良好的教育效果，反而会适得其反。这就要求我们要恰当地把握好一个“度”。既不能让孩子感到害怕，又不能放任自流。只有这样，才能促进他们心理健康地成长。

从小学进入中学，对孩子来说是一个飞跃。他们认为自己已经不是小孩子了，独立活动的愿望变得越来越强烈。他们一方面想摆脱父母，自作主张；但另一方面，又必须依赖家庭。这个时期的孩子由于缺乏生活经验，不能恰当地理解自尊，强烈要求别人把他们看作大人。如果这时父母还把他们当孩子来看待，他们就会厌烦，就会觉得伤害了他们的自尊心，就会产生反抗的心理，萌发对立情绪。难怪此时，父母常常抱怨孩子越来越不听话，孩子却说父母唠唠叨叨，真烦人！

这个时期的孩子，尽管自我意识发展了，但自我控制能力还很差，常会无意识地违反纪律。他们喜欢与人争论，但论据不足；喜欢发表见解，却又判断不准；喜欢批评别人，但又片面；喜欢怀疑别人，却又缺乏科学依据。

因此，父母仅满足于表面上了解孩子是不够的，而必须学习一些心理学的知识，必须了解“心理危险期”的实质。心理危险期的实质是，青少年随着身心的成长发育，逐渐从依赖于父母的心理状态中独立出来，自己判断、解决自己所面临的新问题。这是一个人的社会化进程，是一个人从幼稚到成熟的转折时期。因此，一方面，父母要看到孩子在成长，要尊重孩子的自尊心，要与他们建立一种亲密的平等的朋友关系。要相信孩子有独立处理事情的能力，要尽可能支持他们，尤其在他们遇到困难、失败的时候，父母应鼓励、安慰他们，帮助他们分析事物、明辨是非、正确处理。另一方面，父母又不能过于迁就孩子的不合理的要求和不良的行为，以防孩子以后总是用反抗的方式来要挟父母以达到自己的目的。对于比较严重的反抗行为，父母可以采取奖赏训练的方法，强化孩子的顺从行为。

## 理解并引导青春期子女的怪异行为

青春期的孩子情绪很不稳定，他们有反抗权势和习俗的倾向。

因此，孩子们常表现出很多怪异行为，看了叫人心烦，令父母们难以容忍。譬如：咬指甲、抠鼻孔、啃手指头、抓耳朵、干咳嗽、斜眼看人、擦鼻子、全身乱动；或是成天躺在床上两眼望天，手里不停地玩儿一件东西；或是一天到晚不停地抱怨，仿佛一切都令他看不顺眼，房子旧啦，衣服差啦，老师不好啦，父母是老古板啦；等等。

他们的坏毛病、坏习惯也一再重犯。早上大睡懒觉，晚上借口念书和洗澡，拖到深更半夜不睡觉。父母说他们，他们就生气，他们会跟父母强辩，或是故意曲解父母的话。

青少年孩子们的言行虽然如此不正常，但父母也不必惶惶不安。孩子们仍然是有理性的，因为是他们本身的发育促使他们的行为。青春期的作用就是要瓦解他们已经成型的性格，接受必需的改变：从成型状态(儿童时期)经过瓦解状态(青春期)到再定型状态(成人时期)。每个青少年在青春期间都要重新养成他自己的性格，必定要从父母替他塑造的儿童期中挣脱出来，使自己焕然一新。

因此，他们有些怪异行为是可以理解的。

青春期是动荡不定、迷惑和苦恼的时期，同时希望无穷。情感强烈的时期是引起社会关切、个人极端痛苦的时期，也是心情矛盾、喜怒无常的时期。

有一个著名的心理学家曾说过：处在青春期阶段的男女，言论和行为互相矛盾、变化莫测，这并不奇怪。他们在成长，在塑造成人期的性格，不停地在体验自我，要尝试各种各样的可能性。所以，他们容易冲动，尽管他们也知道冲动不好，应该克制，在公众面前不愿亲近父母，但他们的内心世界还是只想向父母倾诉；表面上在处处模仿名人，私底下却又想标新立异，另创一套；有时表现急公好义，乐于助人，为社会、为他人，无私地做奉献，但有时又显得自私自利，冷酷无情，一心一意只考虑自己的利益，而毫不顾及集体的利益。在一所高级中学，有位教师找了几位高一的学生谈心，要那几位学生谈谈他们最近的心理活动，毫无例外，这些学生心理上都很矛盾。

有个男生说：“我近来心情很苦恼、很矛盾。因为，在内心深处，常有些欲望和冲动在燃烧，在折磨自己。想尝试，不太敢；想克制，又克制不住。”

有个男生说：“也许我这个人精力太旺盛，总想找个机会去亲自尝试一下人生各种酸甜苦辣，去实际做些事情，哪怕是发泄一下也好，而不愿只听一些不着边际的空谈。”

有个女生说：“不知为什么，现在我经常做一些连自己都莫名其妙的事，被别人看成神经质，喜欢装模作样，自己难以理解，一点也不愉快。”

对处于心情不定、常自相矛盾阶段的青少年，要理解他们，掌握他们的心理特点，不要横加干涉，一看不惯，就动辄斥骂，不妨顺其自然，听其自便。他们好活动，就让他们去动，喜欢孤单的，内心有种种隐私的，暂时也不要多过问。

青少年在什么情况下，内心渴望别人了解？在什么情况下，又不愿让人窥其内心隐私呢？

这是件困难而又微妙的事，父母再聪明，也难掌握，那又何必太操心，反而使孩子不高兴呢？对孩子的反常行为，暂时容忍，并不是表示赞同，正如医生从不拒绝病人的要求，哪怕感到它不合理，只因为他们是病人，但绝不鼓励也不赞许。暂时的容忍，就是在尊重理解孩子的个性和心情基础上，再寻找恰当的时机，进行有效的帮助。

在这个阶段，要特别预防孩子出现闭锁心理。

很多经过这个阶段的父母可能都遇到过这样的情况：孩子到了一定年龄就会自己把自己封闭起来，不愿与父母一起出去玩儿，不愿与父母谈心里话。这样的孩子甚至有时候对父母的教育也表现出很不耐烦的情绪，而经常把自己关在自己的房间里，连自己的东西也不允许父母动一动，看一看，开朗的性格一下子变得孤僻起来。

对此，很多父母感到莫名其妙，一直追问“这是怎么回事”！

从心理学角度看，孩子心理和言行的这种变化是青少年心理发展过程中的一种常见现象，称为“心理的闭锁性现象”。

产生“闭锁心理”主要有以下两个方面的原因：

1. 孩子的独立意识的增长

孩子到了青春期，抽象思维能力逐渐加强，就会积极地用自己的心去体验外部世界。这个时期，孩子对父母的依赖性逐渐变弱，有时会做出一些所谓“小大人”的举动来。这个时期的到来，标志着一个人走向成熟的开始。但是由于此时的孩子对许多事情都把握不准，因此常常会发生把自己与父母对立起来的行为。

2. 孩子自我意识的发展

此时孩子的智力已经发展到相当高的水平，自我意识已经完全能够将自我与他人、自我与客观世界区别开来，而且还会发现自己也有许多独特的观点和很好的想法。但是，此时的孩子自尊心都比较强，担心自己的想法会引起父母或别人的耻笑或轻视，所以就小心翼翼地将许多内心的想法作为秘密闭锁起来。同时，这个阶段的孩子却又有渴望被人接近与理解的心理矛盾，因此，写日记成了他们倾述内心秘密的重要形式。

父母应该清楚，孩子出现这样的心理闭锁现象很正常的，父母应该对此进行妥善处理。如果父母对此一无所知，对孩子的这种心理变化处理不当，就会对孩子身心健康产生不良影响，如：孩子心理上产生不同程度的、间或出现的孤独感，一定程度的反抗情绪等。如果父母任其发展下去，个别孩子甚至会性情孤僻，长时间地将自己闭锁起来，最终形成有缺陷的人格。

父母要充分理解这个时期孩子所产生的闭锁心理，要为孩子创造条件交正派的朋友，要引导孩子相信父母、老师和其他正派的人。当孩子有想不通的问题的时候，要鼓励孩子大胆地向别人倾诉，让孩子把不愉快的情绪尽快宣泄出来，不要让这些问题长期困扰着孩子。

同时，父母还要积极鼓励孩子参加各种文娱体育活动，让孩子在活动中尽量放松自己的心情。

父母不要对孩子的这种举动大惊小怪，要给予孩子更多的关心和爱护，可以经常找一些孩子感兴趣的话题，与孩子促膝谈心，使孩子早日走出闭锁心理的圈子，让他快些成熟起来。

父母要学会尊重孩子，因为孩子已经长大了。

父母也许会发觉，尽管过去对孩子的奖赏很有一套，然而这往往在孩子进入青春期时便面临相当的考验，以前孩子甘之若饴的奖赏，此时可能对其产生嫌恶的反应，到底是为什么？

这是因为，青春期的孩子自我观念强烈，对父母的要求和期盼往往会加以反抗，但这也表示孩子已经长大了，对事物有他自己的看法。

面对青春期孩子的反抗心理，父母们不必过于紧张，事实上，如果过去的所有奖罚都适当而且合理，如果孩子的行为早已塑造成型，往后他还是不会脱离基本的轨道。所以，最重要的还是在于对幼儿的训练过程。

青春期的孩子不接受父母的奖赏，大部分问题在于父母的表达方式，孩提时代被大伙儿称赞的骄傲滋味，现在对他而言可能是一项莫大的耻辱，也许是因为害羞，觉得太与众不同了，于是就加以拒绝。所以，父母应该改变管教态度。面对青春期的孩子，父母要站在帮助他判断是非善恶的立场上，辅导他对事物的处理和解决之道。对于奖赏，精神上的要比物质上的更有效果。

这是人的成长过程中非常重要的时期。这时的心理状态发展如何，往往会影响到人的性格的形成和健康发展。因此，帮助孩子度过这两个时期就显得极为重要。

父母可以采用下面的方法：

1. 尊重孩子，让孩子选择

处于反抗期的孩子不喜欢有人吩咐他做某件事或被迫接受某种意见，哪怕这些意见和行为是正确的。这时，你可以把自己所企盼孩子接受的做法与其他几种可能摆在一起让他选择。孩子在你规定的范围内行使了自主权，既让他表现了独立性，又往往能心甘情愿地顺从你的建议，双方皆大欢喜。

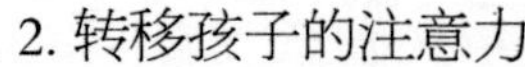

2. 转移孩子的注意力

如果孩子执意反抗，父母就必须想办法转移他的注意力，例如：给他心爱的玩具或卡通，待其情绪好转时再与他沟通。不要非强迫他顺从你不可，更不要威胁他或利诱他。巧搭梯子，让孩子自然下台。孩子有时是为了逞能而耍犟，这时，你要顾全他的面子，帮他搭梯子，让他体面下台。如果他考试成绩一落千丈，你不能对他嘲笑讽刺，否则会适得其反，迫使孩子走上“反抗不归路”。

3. 多给孩子一些爱

一些心理学家强调，要使孩子服从、不反抗，就必须给他们多一点爱、关怀与了解。事实上，反抗的行为几乎经常发生在每一个家庭，然而，一个苛求、缺乏爱的家庭似乎更易养成孩子叛逆的心态。家长应忽视缺点，赞扬优点。假如你希望孩子的错误行为不再发生，你就得狠下心来，忽视一切的错误行为。除了忽视他的错误行为外，你还得去夸赞他一些良好的表现。赞扬本身虽然只是一件小事，但对孩子而言，它已代表了你对他的爱、关怀与注意，以后他会乐于服从的。父母切记，处罚绝不是办法，因为这会阻止孩子发展自我意识。

4. 因势利导，不要破坏孩子高兴的情绪

有时孩子玩儿得正高兴的时候，父母突然打断并要求他做他不愿意的事，这会是引起孩子反抗的导火线，甚至还会使孩子发展到与父母对抗。近来报刊上不时披露的青少年离家出走事情，不少就是孩子在感情上与父母疏远、对抗而采取的极端之举。两代人应当相互尊重各自的秘密，并将此视为尊重他人人格尊严的重要内容。尤其是父母要尊重孩子的权利，不偷看孩子的日记和信件，不偷听孩子的电话，不强迫孩子说出不想公开的秘密。

当然，父母负有监护人的责任，但这种监护是监督与保护之责，是以尊重为前提的。父母的权利在于通过自己的教育影响，使孩子能够独立面对秘密，并从容、恰当地处置。如此正确对待、巧妙实施，可以帮助孩子健康、自信地度过人生的两段关键时期。

从这个阶段起，尊重孩子是独立的个体的事实，培养他们的责任感，才是父母最重要的任务。

## 爱孩子就要放下高姿态

很多家长常困惑地问：“为什么孩子有话不愿意对我说？”其实原因就是家长们总是爱摆出一副高高在上的样子，因此孩子们尊敬他们，但却无法理解他们，总觉得跟爸爸妈妈缺少“共同语言”。如果家长期望孩子能够接受自己、接近自己，那么就必须要放下高姿态，在家庭中建立起民主、平等的良好气氛。

在美国，父母们认为，大人必须平等地对待孩子，和孩子成为好朋友，才能成为称职的家长，才能教育好孩子。我们可以看一下，一位美国爸爸是怎样教育他的孩子的：

弗兰克是美国阿肯色州的自由职业者，他在教育孩子方面下了很多功夫。他说自己一直在努力为孩子提供一种民主的家庭气氛，他和孩子的关系就像朋友一样友好亲密。

对孩子的平等姿态是良好沟通的开始，他将孩子描述理想的作文保留下来，将孩子们的学习成绩、身高等按逐年变化绘制成曲线图，从小就教他们唱歌、游泳、划船、钓鱼，带他们到博物馆参观、看展览、看歌剧，有空还带他们到大自然中去呼吸新鲜空气……

在各种活动中，他不会因为自己是家长就不容置疑，摆出什么都对、什么都懂的样子，而是尽量去做能给予孩子知识和欢乐的最知心、最亲密、最可信赖的朋友。遇到比如搬家、换工作、买车之类的事情时，他就会召开家庭会议，与妈妈一起和孩子商量该怎么做；还组织家庭音乐会，并将每个人唱的录制在磁带中。由于家庭气氛民主和谐，孩子们生活得无忧无虑。

这样，他的孩子有事就会跟爸爸妈妈讲，从不在心里放着，出门说“再见”，进门先打招呼，做饭当帮手，饭后洗碗擦桌扫地；平时买菜、洗菜，给父母盛饭、端汤、拿报纸、捶背；有时父母批评过了头，他们也不会当面顶撞，而是过后再解释。他常对孩子讲：“我们是父子，也是朋友，我和妈妈有义务培养教育你们，也应该得到你们的帮助，你们长大了，会发现我们有很多的不足之处，发现我们很多地方不如你们，这是正常的。因此，我们要像朋友一样互相谅解，互相帮助。”

不管是家长，还是孩子，都是平等的，孩子提出的看法，爸爸妈妈都要认真考虑，有道理的就接受；而爸爸妈妈的想法也都和孩子讲，共同商讨。这样，就让孩子觉得自己在家里有地位，受重视，所以也就对家庭更加关心。

家长与孩子之间不应是统治与被统治的关系，而应像朋友一样平等、自由。当然，这并不意味着家长要完全迁就孩子，好父母还是要负起引导的责任。

# 教养孩子需要有“三心”

家长对孩子进行管教，尽量不要采用个人的、批评的和责怪的方式，而要充满爱心。家长教养孩子需要有“三心”——爱心、耐心和决心。具有“三心”，是成为一个好家长的诀窍。

孩子的成长、发展是一个长期的过程，父母需要耐心。当孩子犯了错误，父母应该耐心、严肃地讲解道理，让他信服，引导他明白自己的过失。同时，父母更要有愿为孩子牺牲自我的决心，爱而不纵，日日关心，时刻在心，诲而不倦，一定会有好的效果。

父母如果放得太松，会使孩子学坏，给社会造成危害。正确的方法是对孩子成长过程中出现的某些失误给予一些宽容，给孩子身心留有自由发展的余地。尊重和信任孩子，对孩子的个人兴趣爱好、初次出现的问题、后果轻微的以及生活小节问题等应从宽。

在我国传统的教育子女方式中，还有一样也是不太好的，那就是事后埋怨。

孩子没有认真地听父母的话，后来在实践的过程中果然就出了问题，出了差错。于是有的父母就喜欢埋怨：“我早就说过了，你就是不信。现在闯了祸了吧？！”或：“我再三跟你讲，提醒你，你不信。现在把事情弄坏了吧？！”这些埋怨已无济于事。至于子女没有听父母的话，所以这次才出了错，这事实已得到了证明，无须做父母的再去提及，子女心中有数，也会后悔和反省。

在遇到挫折和失误时，孩子最需要的是同情、安慰以及如何克服当前困难的忠言。如果父母为了显示自己的预见与正确而反复埋怨，结果只能引起孩子的烦躁、苦恼和反感。

有一位爸爸当过三十多年老师，却犯了一个令他后悔莫及的错误。一天，他发现儿子在自己的屋子里烦闷地走来走去，非常替孩子着急。他隐隐觉得，上高中的儿子在谈恋爱，碰到了什么挫折。她暗暗祈祷：儿子啊儿子，你可有点出息，别为这么点事想不开！一会儿，儿子出门了。

爸爸再也按捺不住急切的心情，想方设法撬开了儿子的抽屉，取出了儿子的日记。可是，当他翻开日记时，手却像被烫了一样，原来儿子在日记中夹了一张纸条，上面写着："爸爸，我料定你会来偷看我的日记，我瞧不起你！我有烦恼是自己的事，你不必管我，我能挺过这一关！"

这位爸爸说："道高一尺，魔高一丈。我低估了孩子的能力。还是应该尊重孩子啊。"

尊重孩子，是因为孩子一出生，就是一个独立的个体，并且被认为是一个权利主体。他不是父母的附属物，他们的人格尊严受国际、国家和地方各种法律法规的保护，所以父母应该尊重孩子。上面这位父亲认为孩子"能力高"，才意识到要尊重孩子，其实是不正确的。从法律角度讲，无论孩子是否有这种"能力"，他们都应该得到有尊严的对待。

从另一角度说，只有被人尊重，孩子才可能获得自尊，并可能学会尊重别人，而自尊和尊重他人是成为一个具有健康人格的人的首要条件。由于孩子年幼，自尊意识处于稚嫩状态，特别容易受到伤害，所以更应当给予保护。可以说，是否尊重孩子将对孩子一生的发展起重要作用，值得家长们予以特别的重视。要知道，没有信任就没有教育。

毫无疑问，每个父母都喜欢自己的孩子，但能否信任孩子却成了一个未知数，因为许多孩子的行为令父母们不解甚至反感，这怎么谈得上信任呢?

譬如，当你的孩子考试考砸了，你会相信孩子的陈述吗?你会不会怀疑他贪玩儿不用功?或者怀疑孩子智力有缺陷?

我们发现，每逢考试过后，常常听到父母训斥孩子："你这是怎么学的?连这么容易的题都不会，简直是猪脑子!"甚至，有的父母真带孩子去测智商，有的父母送孩子去做感觉统合训练，谁知花了很多钱也不奏效。乃至于一位参与过检测的心理学教授感叹说："这个孩子没毛病，是父母有病!"

心理学研究说明，在0～14岁的儿童中间，弱智儿童仅占1.07%，而超常儿童则在3%以上。也就是说，98.9%的孩子不存在智力问题，而是爱学不爱学、会学不会学、勤奋不勤奋的问题。即使是那1.07%的弱智儿童，经过适当的训练和热情的鼓励，也会有不同程度的进步。

所以奉劝家长们，当你的孩子考试成绩不理想时，一定要相信孩子，相信孩子自己也是很痛苦的，相信孩子也是非常愿意学好的，并相信孩子有能力达到自己所期望的目标。这种信任是非常重要的，因为它能使孩子在挫折面前镇静下来，得到精神上的鼓励。与此相似的问题：当你的孩子闯了祸，甚至犯下严重错误之时，你是否会说他是坏孩子呢?

"坏孩子"永远是父母的忌言，相反，你应当对孩子肯定地说："你是个好孩子!"这是一种更符合儿童心理发展的教育思想。

事实表明，没有信任就没有真正的教育。父母应做到下面几点。

1. 避免当众取笑孩子

孩子对自身的缺憾是非常敏感的。所以他们很不喜欢别人抓住他们的缺憾开玩笑，不管是恶意的，还是善意的。如果连父母也嘲弄他们，那更会在他们内心造成严重的创伤。家长们要时刻注意，不要叫子女外号，诸如什么“矮冬瓜”、“竹杆”、“肉圆”等；也不可当着别人和孩子的面，大谈孩子可笑的往事，例如说他们常尿床、爱啼哭、太淘气、喜欢吃零食、胆子太小等。孩子大了，要把他们当大人看待，他们讨厌再提那些往事，应该满足他们这方面的要求。

2. 不要侵犯孩子的隐私

每个人都有不愿意与人说的话，同样，孩子也有很多不愿意让父母知道的事。因此，家长尽量不要去侵犯孩子的隐私，诸如翻他们的抽屉、看他们的信件、听他们打电话都是不恰当的举动。因为这将导致他们的怨恨，他们会恨父母侵犯了他们的隐私。

再者，父母也不应该对子女的生活管得过严或过于关切，例如看见女儿跟某个男孩交往，就神经兮兮，问这问那：“你怎么认识他的？”“他是什么人？”“你们在一起讲了些什么？”也不管女儿愿不愿意回答。

父母不要认为应该与子女毫无间隙，对他们的事应该都知道得清清楚楚，这将使他们产生排斥的心理。正确的做法是要与他们保持一段适当的距离，并且要尊重他们的私生活，要帮助他们逐渐脱离父母，去过独立的生活。

3. 不要对子女说教不停

子女最不愿意听：“我像你这么大的时候……”他们一听到这类唠叨就烦，就避而远之。尽管父母出发点是好的，但他们不喜欢说教，他们不愿意听那些陈年旧事，而且也不相信父母曾经真的那么勤奋、努力，样样比自己好。

另外，家长在子女遇到问题时，不应该受他们的情绪左右，他们的情绪是愤怒、恐惧且困惑的，家长不可以也跟着发脾气、迷惑，那样就无法帮助他们。反之，应该冷静，拿出自己对事情的处理方法。

4. 谈事情要切中要点，避免长篇大论

一位男生，17 岁，他说："我有时真要耐得住性子，才能跟我爸爸说话，他常把最简单的事复杂化，我问他一点小事，他就前前后后说了一大篇，为了怕浪费时间，我都尽量避免跟他说话。"

另一位男生，16 岁，他说："我爸爸不知怎么搞的，他对人的心理、情绪根本不能体会，也听不懂别人的言外之意。他逢人就爱发表长篇大论，且语言太乏味，不着边际，听者都觉得厌烦，也懒得跟他辩论，这些他都体会不到，继续他的高谈阔论。我真希望他嘴巴能闭一闭，去听听别人怎么说。"

5. 避免在孩子面前议论、预测他们的未来

父母都喜欢拿孩子当话题，议论他们的过去，预测他们的未来，谈论东家孩子怎么样、西家孩子怎么样等。例如说："李阿丹性格太内向了，不善说话，又不出众，看来不会有什么出息。""陈小珊长得好，可是不爱学习，好做白日梦，经常想做这个，又想做那个，看她能做成什么？""彭松这孩子太调皮了！捣蛋成精，成绩又不好，长大以后只怕会成为社会的包袱。"

这些话不管是否真心，都不要当着孩子面讲，不要以为孩子还小，不会理会别人说他们什么。实际上，孩子听了会很不舒服，而且会在潜意识中不知不觉地照父母对他们的评价去做。

6. 不要刺激孩子

"要你把东西放在固定的地方，不要乱丢，你总是不听，真是一辈子也改不了你那坏毛病。"

"我刚才讲的道理，你听懂了没有？哎！恐怕你一辈子也懂不了，我只是对牛弹琴而已。"

奉劝家长们不要说这种反话刺激孩子，打击孩子。这会使他们很生气的，也会引起他们对你的厌恶。

7. 表态不要模棱两可

子女征求父母的意见时，父母切忌表态模棱两可，这会使子女无所适从。

一位 15 岁的女孩要去跳舞，她爸爸说："你当然可以去跳舞，高高兴兴地去玩儿一晚上。但那可苦了我，我既要为你担心，又要因等你不能睡。"

这么一说，这位女孩左右为难了，去也不是，不去也不是。所以，父母对子女说话，必须要明确肯定，准就是准，不准就是不准，或是让子女自己做主。

父母与孩子在生活经历、生活阅历上都很不相同，且所处的位置也截然不同，因此在见解上、生活态度上自然存在很大差异，父母不要强求孩子与自己一致。为了求得彼此间的沟通与了解，最好多听听孩子们对自己的一些看法。

# 三、怎样的夸赞才是孩子真正需要的

家长夸赞孩子，这有益于孩子的自信树立，家长鼓励孩子，这更是应做之事。但是，很多家长却把这些事做得变了味。在日常生活中，常有一些家长对孩子说：“你考第一名，我就给你买新玩具”、“你听老师的话，我就带你去游乐园玩”……如此这般，本应该做的硬是变成了为获奖励才做，本是单纯无邪的心灵硬是被物欲污染……家长们有没有想过，孩子的胃口会被越吊越高，当他越来越不满足而你又无法供给时，该那怎么办？家长们应该及早惊醒，及早认识到，孩子应该夸，但不能乱夸；孩子应该鼓励，但应少用物质嘉奖，多用精神鼓励。精神奖励能够化外力为内在动力，效果更好，而且更重要的是，精神奖励能防止孩子养成对金钱、物质的贪欲。

# 滥用物质奖励，激励成了贿赂

越来越多的家长已经意识到，运用鼓励的手段可以促进孩子进步。于是五花八门的“鼓励计”被用到了孩子身上，有些是精神上的，但更多的是物质上的。教育学家建议：教育孩子要以精神鼓励为主。

生活中，我们常看到这样的场景：“儿子，这次你要能考100分，爸爸就送给你一辆最棒的模型车！”“你争气点儿，要是能进前三名，我就带你去游乐园玩！”这样的对话继续下去，若干年后，也许就会发展成这样：“我要是进了前十名，你们怎么奖励我？”“乖儿子，你要真进前十名，爸爸就带你吃麦当劳，随便你点！”“没意思！我不吃麦当劳！我要耐克球鞋！”“可是，你不是已经有一双了吗？”“我不管，我就要！不给我买，我就……”多么可悲！鼓励变成了贿赂，孩子却反过来勒索父母，这就是滥用物质鼓励的结果。家长们要知道，奖励是对孩子行为的积极评价，是教育孩子的一种重要手段。奖励运用得好，不但可以增强孩子的自信心，而且还可鼓励孩子不断进步。但这种奖励孩子的前提却只能是“当孩子有了某种具体的、实质性的积极行为，而父母又希望孩子持续下去的时候，才给予孩子物质奖励”。那种随便许诺，张口就要请孩子吃麦当劳的做法，实质上不是在奖励孩子，而是明目张胆地贿赂孩子！

鼓励对孩子的促进作用是显而易见的，但家长们必须明白，对孩子的鼓励并非一定都是物质上的、金钱上的，精神上的鼓励更能让孩子感受到来自父母的温暖。

邓超中学毕业后，以优异的成绩考上了一所市重点高中。接到通知书的那一天晚上，邓超问爸爸说："爸，你和妈妈都答应过我，考上重点高中就给我个惊喜。怎么样？惊喜是什么呀？"

爸爸回答说："我和你妈妈对你的确有那样的承诺。原来的计划是要去北戴河旅游，但现在我们要和你商量一下，是否可以不去旅游，把那笔钱省下来，以你的名义捐赠给希望工程……"邓超对爸爸的提议有点犹豫，妈妈接着说："你能考上重点高中，我们都替你高兴！也觉得应当带你出去旅游一趟，表示我们的奖励。但我们慎重地想了想，觉得你刚上中学，今后的路还长着呢！

"尤其是想到我们自己的孩子能上重点中学，而一些贫困的孩子却连上学的权利都难以实现，因此……

"我们不强迫你，你可以考虑一下，哪个更有意义！"

"好吧，我们还是省下钱来捐赠给希望工程吧。今后我还要帮助更多的人！"

这种精神鼓励是非常有意义的，它既包含了激励因素，又不会让孩子产生唯利是图的不良心理，对孩子的成长有利无害。

但儿童心理学家也指出，精神鼓励也要努力处理好方式方法，这样才能使鼓励计发挥最大效用。那么，鼓励孩子进步时，我们应当记住哪些原则呢？

1. 对孩子的鼓励要有针对性

教育学家认为，如果父母的鼓励具有针对性，孩子们就能够学习到什么是好的表现，并将继续发扬这种好的东西。这就要求爸爸妈妈应该做到，只表扬孩子具体的好的行动，而不是随意表扬。比如，孩子在考试中得到好的成绩，有些家长会这样夸奖孩子："我早就说你是天才。”其实，这种鼓励对孩子来说只是一种负担，把孩子的成绩归结于孩子的天赋，而不是孩子的努力，有可能会泯灭孩子勤奋努力的精神。因此，这种随意的表扬是不可取的。

2. 对孩子的表扬应当实事求是，讲明道理

一个能大胆学习走路的孩子，第一次学习用筷子吃饭的孩子，家长对他进行表扬是恰当的。如果这个孩子都已经十岁了，家长还能去表扬孩子的这些行为吗？所以说，对孩子的表扬一定要切合实际，让孩子觉得爸爸妈妈的表扬是真诚的。另外，在表扬孩子时讲明道理也很重要，让孩子知道这样做为什么是好的、对的，培养孩子判断是非对错的能力。

3. 把握鼓励孩子的时机

当孩子第一次做出过去没有过的好行为时，要及时表达出高兴和赞赏，但是当孩子不断地表现出同样的行为时，就应该隔几次行为给一次表扬、鼓励，且间隔时间越来越长，不要每次都予以鼓励，这样有利于孩子好习惯的养成。

4. 在孩子决心改正错误，或者已经改正了错误时，爸爸妈妈只要发现他们的优点或长处，都要及时进行客观的鼓励。尤其是对于那些意志薄弱、自制能力较差的孩子进行“及时鼓励”更见效果。这样做，可以帮助孩子摆脱自卑感，恢复自信心。

家长们要注意，太过注重物质奖励，会使孩子错误地把奖品当成追求目标，而适当的精神鼓励却更能满足孩子的荣誉感和自尊的需要。

# 过多的赞美会让孩子产生错觉

教育学家认为，一些孩子自负，是由于受到了过多、过高的表扬，这使他们只看到了自己的优点，却看不到自己的缺点，因此一些信奉赏识教育的家长要注意了，不要无限度地、片面地表扬孩子，偶尔也要给孩子降降温，太多的表扬会让孩子得意忘形的。

下面，我们来看一看德国教育家卡尔·威特的教子方法：

一天，卡尔·威特带着他的儿子到一个朋友家参加聚会，而此时，他的儿子已经因为他的超常智力被广为传诵。一位擅长数学的客人抱着怀疑的态度想考考小威特。卡尔·威特答应了，但他要求那位客人不管小威特答得怎样，都不可以过分地表扬自己的儿子。因为老威特认为，自己的儿子受到的赞赏已经太多了，他很担心过分的赞扬会滋长孩子骄傲的情绪。

自以为聪明的这位客人一连给小威特出了三道数学题，但小威特的聪明越来越使他感到惊异。

每一个题小威特都能用两种以上不同的方法去完成。此时，客人已不由自主地开始赞扬小威特了，老威特赶紧转移话题，这样客人才想起了两人的约定。

但客人出的题越来越难，并最终走到他也难以驾驭的程度。客人非常兴奋，又拿出更难的题来“难为”小威特：“你再考虑考虑这道题，这道题是一位著名数学家考虑了三天才好不容易做出来的。我不敢保证你能做出来。”

那道题是一个农夫想把一块地分给三个儿子，分法是要把它分成三等份，而且每个部分要与整块地形相似，这确实是一道很难的题。

对小威特说完题后，客人就拉着老威特走到走廊里，安慰他说：“别担心，你儿子再聪明，那道题也很难做出来，我是为了让你儿子知道世界上还有这样难的题才给他出的。”

可是，没过半小时，就听小威特喊道：“做出来了。”

“不可能。”客人说着就走了过去。

但事实不得不让客人赞不绝口地说：“真是天才，那么你已胜过大数学家了！”老威特连忙接过话说：“您过奖了，由于这半年儿子在学校里听数学课，所以对数学很有心得。”

客人这才领会到老威特的意图，点着头说：“是的，是的。”

不要认为卡尔·威特对孩子太严苛，事实上他是非常赞同赏识教育的。只不过他认为，表扬不可过多过高，不能让孩子情绪过热，过多的赞美会让孩子产生错觉，认为自己比任何人都要出色，将来他们就会无法经受挫折和批评。

卡尔·威特给父母们的忠告是：我们不能让孩子在受责备的环境中成长，但是也不能让他们整天泡在赞美里。卡尔·威特是这样说的，也是这样做的，即使小威特学得非常好，他也只是说到“做得不错”的程度，从不表扬过头。只有当小威特取得特别大的成就时，父亲才抱着亲吻他，但这是不常有的。因此，在小威特心目中，父亲的亲吻对他来说是非常可贵的赞扬。通过这种不同程度的表达方式，威特让小威特深深懂得获得赞扬的不易，也因此更加努力学习，而不是沉浸在赞赏声中得意忘形。

还记得《伤仲永》吗？据专家们研究发现，不是经过早期教育而是靠天赋产生的神童，往往容易夭折。一些潜质很好的孩子之所以没能如愿地成为人才，正是源于孩子的骄傲自满、狂妄自大。世上再没有比骄傲自大更可怕的了，骄傲自大会毁掉英才和天才。

我们可以看看卡尔·威特写给儿子的一段话：

知识能博得人们的赞赏，善行能得到上帝的赞誉。世上没有学问的人是很多的，由于他们自己没知识，所以一见到有知识的人就格外赞赏。然而人们的赞赏是反复无常的，既容易得到也容易失去；而上帝的赞赏是由于你积累了善行才得到的，来之不易，因而是永恒的。所以不要把人们的赞扬放在心上。喜欢听人表扬的人必然得忍受别人的中伤。被人中伤而悲观的人固然愚蠢，稍受表扬就忘乎所以的人更是愚蠢的。

除此之外，他还不厌其烦地告诫自己的儿子：一个人无论怎样聪明，怎样通晓事理，都不应该骄傲自负，因为他所拥有的知识与奥秘无穷的大自然相比，只不过是九牛之一毛，沧海之一粟。

威特就是用这种制冷的手段来教育儿子防止他骄傲自满的，尽管这样做要花很大的工夫，但他最终还是获得了圆满的结果。

卡尔·威特做得最好的，也正是现实中一些家长做得最差的一点，这些家长总认为自己的孩子是最聪明的，尤其是知道了赏识教育的重要性后，更是无限度地赞美孩子，比如："孩子，你真是太聪明了！""孩子，你的作文写得真棒！比你爸爸现在写的还要好！"等话语对孩子滥加表扬。然而当赞美之词成为极为常见的日常用语时，赞美的意义也会随之逊色。过滥的赞美如同甜得过分的糖果，吃多了，就会让孩子生腻。

所以奉劝家长们，对于孩子的赞美一定要就事论事，而赞美优点的同时也要适当泼点冷水——提醒孩子改正缺点，这样做一方面可以促进孩子进步，另一方面又可以防止孩子过分顺利而变得自负。

# 让孩子认识到自己的不足之处

孩子很容易骄傲自满，盲目自高自大，这对孩子来说是非常危险的。自负会让孩子放弃努力，而且自负会让孩子孤立自己，在生活中处处碰壁，因此，家长一定不能让孩子变得目中无人，在孩子表现得过于自满时，向他泼盆冷水，让孩子看到自己的不足之处，就是纠正孩子自负性格的不错办法。

生活中，一些父母过于强调自信，不断给孩子灌输“你是最优秀的”思想，结果一些孩子变成了盲目自大的令人讨厌的人。

在深圳某重点中学里发生过这样一件事：音乐课上，实习老师刚走出教室，“啪”的一声脆响，一本书被狠狠摔在桌上，“有几个音弹错了，颤音也没唱出来，这样的水平还来教我们！”惊愕的目光都聚集在她——田宁的身上。她是学校的艺术骨干，从小深受执教于音乐学院的爸爸的影响，弹得一手好钢琴，在声乐、舞蹈方面也不错，曾多次代表学校参加文艺演出或比赛并获奖。

田宁不仅有文艺特长，而且写得一手好文章。但就是这样一个好学生，同学们都不太喜欢她，背地里都叫她“冷血公主”。为什么呢？原来除了几个亲密的伙伴外，她不大爱同其他同学讲话。当有同学问她问题时，她总是很轻蔑地说：“这么简单的问题需要问吗？！”久而久之，没人愿意搭理她了。

另外，田宁的家境非常好，爸爸甚至带她去香港买衣服，因此打扮入时的她有很多优越感，经常挑剔讥讽其他同学。一旦某位同学打扮得漂亮一点，她就会很不屑地说："地摊儿货，瞧那穷酸样儿。"她也有自己的弱项——体育运动。但她不仅不力求改善，反而认为有体育特长的人都是"头脑简单，四肢发达"，并对他们嗤之以鼻。

生活中，像田宁这样的孩子并不少见，这些孩子通常看不起别人，总认为自己比别人强得多，把别人看得一无是处。在人际互动中，自负的孩子不懂得交往应以互相尊重、互相平等为原则，总是表现出一种优越感，盛气凌人，只强调自己的感受。

古人云：谦虚使人进步，骄傲使人落后。骄傲自大必然会对孩子的发展产生消极影响。骄傲自大的孩子常在自己的周围树起一道无形的"城墙"，形成与外界的隔膜，这使他们的心胸变得很狭窄。他们虽能取得一定的成绩，但往往没有远大理想和志向，而只满足于眼前取得的成绩。而且，他们看不到别人的成绩，只会"坐井观天"。骄傲自大的孩子很难和同学们友好相处，因为他们不能做到平等相待，而是总以高人一等的态度对待别人或喜欢指挥别人。骄傲自大的孩子情绪也不稳定，当人们不理睬他时，他会感到沮丧；当他遭到失败和挫折时，又会从骄傲走向悲观、自卑和自暴自弃，否定自己的一切，觉得自己什么都不如别人。因此，家长们千万不要忽视孩子的自负性格，为了孩子的健康成长，不妨用制冷的手段帮孩子走出这个误区。

雷迪克是小学二年级的学生，聪明好学，勤奋向上。在一次朗诵比赛中，他又获得了班上的最佳朗诵奖，心里像吃了蜜一样甜。回到家后，他把朗诵稿交给女佣，得意地对她说："玛丽，你念一段给我听听，怎么样？"

这个善良的女人拿起朗诵稿，仔细地看了一遍，然后结结巴巴地

说："雷迪克，我不认识这些字。"

雷迪克更加得意了，他快速地冲进客厅，得意忘形地对父亲喊道："爸爸，玛丽不识字，可是我这么小，就得了朗诵奖状，这是多么了不起啊。再看看玛丽，拿着一本书却不会读，这太可怜了，我不知道她心里是什么滋味。"

父亲皱着眉头看了看雷迪克，没有说一句话，他走到书架旁，拿下一本书，递给他说："你看看这本书，就能体会到她心里的滋味了。"那本书是用拉丁文字写的，雷迪克一个字也不认识，他的脸涨得通红，手足无措地站在那儿，一句话也说不出来。爸爸仔细地看了看他，然后严肃地说："没错，玛丽不认识字，可是请记住，你不会念拉丁文！"

雷迪克永远都不会忘记那次的教训，无论什么时候，只要想在别人面前吹嘘的时候，他就马上提醒自己："记住，你不会念拉丁文！"

这位父亲是非常明智的，他没有纵容儿子的自负心理，而是适时地向儿子泼冷水，让儿子重新认识自己、评价自己。

然而生活中，有多少父母能正确处理孩子的自负性格呢？一些父母甚至本身就对孩子的优越感负有责任。比如，有些父母由于自身条件比较优越，总是表现出一副扬扬得意、目中无人的神态，经常会流露出对他人的不屑。如他们经常议论同事的缺点，某某不如自己。孩子听到这些话，也会仿效父母，只看到自己的长处，而嘲笑别人的短处。因此，父母必须从自身做起，教育孩子回归理性，正确评价自我。

要让孩子回归理性，父母就要让孩子对自己有个全面的认识，让孩子了解自己的缺点和不足之处，对克服自负性格大有好处。

# 无情打击孩子不可取

当孩子表现得太过骄傲自负时，家长们就要发挥“制冷”作用，给孩子泼点冷水降降“温”，但这并不等于粗暴地打击孩子，否则就是从一个极端走向了另一个极端。

豆豆的爸爸是一个心理学教授，从他两岁时起，就一直表现出超常的才华，他比同龄的孩子更聪明，认识更多的单词。

然而，这个孩子的不幸正是由他的聪明引起的。小孩子总是很容易骄傲的，豆豆也不例外。当他做对了数学题或是读了本好书后，总是想找人分享自己的快乐。然而正是这一点，引起了爸爸的不满。因为豆豆爸爸性格内向，不爱在别人面前表现自己。正如他自己所说，一个人应该谦虚稳重，不要总是那么自以为是、自满自负。

“豆豆，你又在嚷嚷什么？”一天爸爸对着正在高声欢笑的豆豆问道。

“爸爸，我又读完了一本好书。”豆豆高兴地对爸爸说。

“读完一本书是很平常的事，你用不着那么高兴。”爸爸说道。

“可是，这本书是莎士比亚的作品呀！我居然能把这么难懂的书读完，真是感到兴奋。”豆豆说道，似乎正在等待着爸爸对他的表扬。

或许是由于豆豆的性格与他不同，或许是他认为应该纠正儿子的骄傲情绪，爸爸突然发怒：“你吵吵嚷嚷的干什么？你以为只有你才有这个本事吗？我看你就是个骄傲自大的孩子。告诉你，我永远不会表扬你这样的坏孩子。”

“爸爸，我做错了什么？”受到了责骂的豆豆委屈地说道。

“你做错了什么还需要问我吗？我警告你，不要成天叽叽喳喳的，这让人烦透了。”爸爸继续训斥儿子，“你不要以为自己是个了不起的天才。我告诉你，你什么都不是。我以后再也不想听到你那种赞扬自己的声音了。你是个笨蛋，你是在自欺欺人。”

爸爸说完，“砰”的一声关上了房门。

站在门外的豆豆委屈地哭了起来，他不明白父亲为什么这样对待他。一种极坏的感觉涌上了心头，他的快乐和自信被另外一种东西所取代：我是个很糟糕的孩子。

从那以后，豆豆不愿意再去读书了，他完全变成了另外一个人。这个原本极有才华的孩子最终一事无成。

看完了这个故事，我们不禁为豆豆的不幸感到难过，他或许是一个有点骄傲的小孩子，但他那精通心理学的父亲，就没有比粗暴打击孩子自尊心更好的办法来教育孩子了吗？

在一次教育研讨会上，一位家长说：“打击孩子也并非是一件坏事，对于那些自负的孩子，我们就得狠狠打击他们一下，让他们收敛，否则，孩子怎么能成才呢？”

真的是这样吗？我们不妨来看看下面这个例子。

兰兰是个聪明伶俐、讨人喜爱的女孩。她的爸爸是一家大公司的经理，妈妈是一名出色的律师。兰兰从小就生活在这样一个条件优越的环境里。在家里，她是爸爸妈妈的掌上明珠，要什么有什么；在学校里，她成绩优秀，是老师心目中的“尖子生”。良好的家庭环境，父母的疼爱，老师的赞誉，再加上自己的天赋，使兰兰产生了一种飘飘然的感觉，而且这种感觉一天比一天强烈——“我就是比别人优秀”，兰兰总是这样想。渐渐地，兰兰变了，在家里，她只要稍稍不顺心就对爸爸妈妈发脾气；在学校里，兰兰更爱表现和炫耀自己，取得好成绩就自鸣得意、沾沾自喜，甚至不把老师的话放在心上；在生活中，她总是拿自己的长处同别人的短处相比，认为自己高人一等，看不起别人。这样过了一段时间后，老师对兰兰的自负开始感到担心，于是她把这种情况反映给兰兰的父母，并希望家长配合学校的工作，及早纠正兰兰的不良心态。兰兰爸爸是个对各方面要求都很高的人，他认为必须给兰兰一个深刻教训，让她克服自负。终于有一次，爸爸逮到了机会：那次兰兰没考好，数学才得了 67 分。爸爸看着羞愧的兰兰，轻蔑地把试卷撕得粉碎，“这也叫分数吗？你不是认为自己比别人都优秀吗？怎么就得这点分！告诉你，你实在没什么了不起的，考得好点尾巴就翘起来了，丢人不丢人啊！你等着同学看你笑话吧！叫你骄傲！”这劈头盖脸的责骂让兰兰简直崩溃了，她不知道慈爱的爸爸为什么要骂她，只是听懂了两个字：骄傲。从那以后，兰兰再也不在同学、老师面前得意了，事实上她完全变成了一个自卑胆小的孩子。

这就是无情打击造成的恶果，对于兰兰的骄傲自负，爸爸本来可以用更温和一些的方式来改正它，这样也不至于给孩子带来心理伤害。

一个八岁左右的孩子，智力还没有充分发展，阅历还很浅薄，没有独立的思考能力，往往要靠大人的评断来认识自己。大人生气之下脱口而出的一句话，常常是很偏激的，而且心情平静下来以后早把气话的内容忘记了。

但是孩子却听得很认真，记得刻骨铭心。他忽然之间发现自己在他人眼中是那样的不堪，心中突然十分惊异和沮丧，稚嫩的心灵难以承受那致命的打击，从此便极有可能以心灰意冷的态度来选择悲观的生活道路。本来完全可能有锦绣前程的人在少年时代就凋谢了，这份打击真是太残酷了。不少孩子后来成绩不好，工作生活能力差，精神萎靡不振，该成才而未成才，大都跟他们的童心曾经遭受过的深刻痛苦有关。

不可否认，在生活中，父母蔑视孩子的事例数不胜数，虽然父母们做这些事的时候并没有意识到。家长们要注意了，我们所说的泼冷水，决不等于对孩子的心灵施压，这两种方法在本质上是有很大差别的，我们千万不要走向极端。

希望家长们认识到，放纵孩子的自负不是一个明智的做法，但粗暴地打击孩子也决不可取。在孩子表现出骄傲自负的心理时，家长们一定要把握好泼冷水的“度”，否则过犹不及。

## 正确的精神激励，会让每个孩子都成为天才

法国教育家埃尔维修说：“即使很普通的孩子，只要教育得当，也会成为不平凡的人。”这也就是说，每个孩子都有“天才”的潜能，关键是父母能否正确发掘，因此作为父母的您就需要在孩子成长过程中，不断开发孩子的天赋，激发他们的自尊心和自信心。

毕加索出生于1881年，他的父亲何塞是个非常开明的人。有一天，他发现三岁的毕加索居然在一张纸上画上了妈妈怀孕时的样子，何塞认为自己的儿子在绘画上是非常有天赋的。然而，有着惊人绘画天赋的毕加索在循规蹈矩的学校里，根本就算不上社会所认定的那种好学

生。只有在画画时，毕加索才表现出惊人的耐力，他可以一连几个小时不放下画笔，与他在课堂上的表现判若两人。同学们对着毕加索大喊："呆子，二加一等于几？"而老师则认为毕加索根本就不具备学习的能力，还多次跑到毕加索父母面前，数落他的"痴呆症"症状。毕加索陷入了自卑的境地。

幸运的是，毕加索有个赏识自己的父亲，何塞并没有对自己的儿子失望，而是认定儿子的绘画天赋会让他成为一个不平凡的人。何塞想，与其让孩子在正统的学校教育中一无所获，还不如让毕加索在他热衷的绘画上有所成就。于是，何塞决定把毕加索送到当地有名的美术学校，并亲自担任儿子的辅导老师。

正因如此，在艺术的长廊中，毕加索的名字才与达·芬奇齐名。

不是每个孩子都能有何塞这样开明的父亲，很多家长往往被孩子表面上的成绩蒙蔽了，认为自己的孩子"脑瓜不够聪明"。然而，美国人类潜能开发专家葛兰·道门医生认为：每一个正常的孩子在其出生的时候都具有莎士比亚、爱因斯坦、牛顿等人那样天才的潜能，关键是后天能否把这种潜能发掘出来。

不要怀疑这种说法，美国著名心理学家罗森塔尔的一项试验证明了这一点。

罗森塔尔和助手来到美国东部的一所小学，声称要进行一个"天才测验"，首先，他给全校学生做了一次智力测验，测验后，他并没有给那些测试卷打分，而是随机抽出了 20 名学生，并以赞赏的口吻告诉老师，这些学生的智商都在 130 ~ 140 之间，属于天才少年，是非常优秀的孩子，在学习上具有极大的潜力。尽管这 20 名学生中有不少是不爱学习的孩子、逃课的孩子、表现平庸的孩子，但大家都对罗森塔尔的话深信不疑：这些孩子都是高智商的天才，只不过没有发挥出自己的潜能。根据罗森塔尔的要求，校长又把三位老师叫进办公室，对他们说："根据过去三四年来的教学表现，你们是本校最优秀的、最有潜力的老师。为此，我们特别挑选了这批全校最聪明的学生让你们教。这批学生的智商比同龄的孩子都要高，希望你们取得更好的成绩。"

一年后，罗森塔尔再次来到这所学校，奇迹出现了。凡被认为是"最优秀的"学生，成绩都有了较大的进步，且各方面都表现得很优秀。被赏识的学生在智商上有了明显的提高，这一点在智商中等的学生中表现得尤为显著。从教师所做的行为和性格鉴定中可知，被赏识的学生表现出了更强的适应能力，更大的魅力，更强的求知欲。

这时候，校长告诉老师们真相：这些学生并不是刻意选出来的，而只是随机抽选出来的普通学生。三位老师万万没有想到事实会如此，只有归功于自己教育得好。

校长没有告诉他们另一个真相：他们三个也是在教师中随机抽选出来的。

这真是一个非常有趣的实验：罗森塔尔的谎言使老师们相信那些被指定的孩子都是有前途的天才儿童，于是便自然而然地对这些孩子寄予了更高的期望和热情。接着老师的信任和热情又感染了这些孩子，于是他们变得更加自尊、自信、自强，结果在各方面都取得了异乎寻常的进步，真的就如同众人所期望的那样，成为了天才儿童。

罗森塔尔的实验是非常有意义的，它向家长们表明了这样一个道理：每个孩子都可能成为天才，但要让孩子真正成为天才，家长就要像对待天才一样欣赏他、教育他。有的家长可能会说：我的孩子一次也没有考过好名次，既不会演讲，又不会唱歌跳舞，即使我要像培养天才一样培养他，也无从着手啊！

这种情况下，各位家长就有必要灵活运用补强计，你不一定非要发掘出孩子在文学、艺术等方面的天赋，重要的是激发他们的自尊心和自信心，不要让他们陷入自卑的境地。

总之，当你看到邻居孩子表现杰出，自己的孩子却成绩平平时，千万不要埋怨自己的孩子一无是处。要相信你的孩子也是个潜在的天才，只是暂时被压抑了，只要你愿意付出关怀和爱，你的孩子也会是一个光芒四射的天才。

孩子不可能事事高人一筹，不要因为孩子在某方面的表现不理想而烦恼，应随时随地对他的优点加以赞赏 ，充分发掘孩子的潜力，坚持下去总有一天你的孩子也会成为天才。

# 恰当赞美能够创造奇迹

中国的父母相信对孩子一定要严管，因此当孩子在学习或生活方面做得不尽如人意时，他们就会抱怨，就会责骂孩子。然而这样做究竟有何益处呢？孩子会说：反正我就是没出息了，怎么做也没有用。因而自暴自弃，一蹶不振。这样的结果一定不会是父母们希望看到的，因此做父母的应该试试赏识教育，肯定孩子的长处和点滴进步，你会发现孩子在一天天地进步，你的赞赏创造了奇迹。

纽约的贫民窟环境肮脏、充满暴力，而在这儿出生的孩子，耳濡目染，他们从小逃学、打架、偷窃甚至吸毒，长大后很少有人从事体面的职业。然而，这里却诞生了美国纽约州历史上第一位黑人州长。

罗杰·罗尔斯就是那个创造奇迹的孩子。罗杰·罗尔斯读小学时是个非常调皮的孩子，就像他的同学一样。他们不与老师合作，旷课、斗殴，甚至砸烂教室的黑板。老师、校长想过很多办法来引导他们，但是仍没有用。

这一年，小学来了新的董事兼校长——皮尔·保罗。皮尔·保罗想尽办法来改变这些孩子们，他发现这些孩子都很迷信，于是在他上课的时候就多了一项内容——给学生看手相。他试图用这个办法来鼓励学生。

轮到罗尔斯时，皮尔·保罗校长说："我一看你修长的手指就知道，将来你是纽约州的州长。"幼小的罗尔斯大吃一惊，因为长这么大，除了奶奶说过他可以成为五吨重小船的船长外，从来没有人相信他今后能有什么成就。而这一次，皮尔·保罗先生竟说他可以成为纽约州的州长。他记下了这句话，并且相信了它。

从那天起，"纽约州州长"就像一面旗帜，引导罗尔斯在以后的四十多年间按州长的身份要求自己。罗尔斯的衣服不再沾满泥土，说话时也不再夹杂污言秽语，罗尔斯不再逃课、不再与老师作对。他开始挺直腰杆走路……终于在51岁那年，他成了纽约州的州长。

在就职的记者招待会上，面对记者对他为什么能取得如此成就的疑问，罗尔斯只说了一个名字：皮尔·保罗。

按照"近朱者赤，近墨者黑"的说法，罗尔斯确实创造了一个奇迹。而这个故事也再次印证了赏识教育法中的一个观点：赏识导致成功。

强者来自父母的不断赞美，做父母的应该勇于承认差异，并鼓励孩子逐步缩小差异，不要一味抱怨这不好那不行，对孩子进行有百害而无一益的伤害，把本来活泼可爱的孩子变成没有理想、没有志气、庸庸碌碌过一生的人。

有这样一对父母，他们都是受过良好教育的人，他们的孩子非常聪明可爱，可就是有点贪玩不爱学习，于是这对父母就每天训斥孩子："没有用处，简直是个废物！"弄得孩子信心大失。有一次，这个孩子考了一个不错的分数，他兴高采烈地把试卷拿回家去，结果爸爸说："这真是你自己做的吗？"妈妈斜着眼看他："不但学习不好，小小年纪还开始说谎了！"结果孩子垂头丧气地走了，从此以后果然没有再考过好的分数。那对父母就像是得胜的预言家，对着孩子唠叨着："早就说过你不行吧！看你那点出息！"

这是一对多么可悲的父母。心理学家的研究表明：这类父母之所以认为自己的孩子"不是那块料"，实际上是自己没有识才的眼光与水平。自卑的父母都望子成才，由于不懂，甚至不相信自己能育子成才，因此就用"不是那块料"的恶棒，把自己与子女都毁掉了。要知道，即使是荆山之玉，尽管很美，也需要识别、雕琢，否则也不会成材的。

当你在责骂孩子时，你就是在向他不断施加心理暗示：你不行的，你不会成功的。试想一下，幼小的心灵怎能抵得过这样的"咒语"，在这样的情况下，孩子不变成庸才才怪。相反，如果你能常常热情地鼓励孩子，孩子就会下意识地按照父母的评价调整自己的行为，直到达到父母的期望为止。

这里有一个关于著名成功学家拿破仑·希尔的故事。希尔小时候曾被认定为是一个坏孩子。玻璃碎了，母牛走失了，树被莫名其妙地砍倒了，每个人都认定是他干的，甚至连父亲和哥哥都认为他是个无可救药的坏孩子。人们都认为母亲死了，没有人管教是拿破仑·希尔变坏的主要原因。既然大家都这么认为，他也就无所谓了，于是变得更加肆无忌惮。

有一天，父亲说给他们找了一个新妈妈，大家都在猜测新妈妈会是什么样的。而希尔却打定主意，根本不把新妈妈放在眼里。陌生的女人终于走进家门，她走到每个房间，愉快地向每个人打招呼。当走到希尔面前时，希尔像枪杆一样站得笔直，双手交叉在胸前，冷漠地瞪着她，一丝欢迎的意思也没有。

“这就是拿破仑，”父亲介绍说，“全家最坏的孩子。”

令希尔永生难忘的是继母当时所说的话。她亲热地把手放在希尔肩上，看着他，眼里闪烁着光芒。“最坏的孩子？”她说，“一点也不，他是全家最聪明的孩子，我们要把他的本性诱导出来。”从此以后，拿破仑正如他的继母所说的那样，成了全家最聪明的孩子。

继母造就了拿破仑·希尔，因为她相信他是个好孩子。

夸奖要运用得恰如其分，无限地夸大也是不妥的，赏识要有多少说多少。因此，我们给家长们提出如下建议：

1. 用赏识的眼光观察孩子

在日常生活中，务必注意孩子的行为举止、好恶，在他与别人玩耍、交谈、阅读时观察他，你就会发现你的孩子虽不爱弹琴却喜欢绘画，虽没耐心却有创意，虽不善言辞却很热心，总有他优秀的一面，记下孩子的性格倾向，从而诱导他。

当父母用赏识的眼光来看待自己的孩子时，会发现他们魅力四射。

2. 创造机会鼓励孩子

赏识不是停留在口头上的赞美，而是一种行动，父母应多给孩子创造发挥他们才智的机会。比如家里人过生日时，鼓励孩子们表演节目；每周一个晚上轮流朗诵短文并发表心得；每月办一次派对，邀请孩子的朋友参加，每人献出一个绝活……

此外，随时找机会让孩子帮你忙，洗碗、拖地、收衣服……越做越有信心，孩子才不会退缩在自卑自闭的角落里。

3. 多给孩子一点时间

赏识就是一种宽容，既然给孩子机会，就需耐心等待孩子发挥潜力。有些父母嫌孩子做不好事，干脆自己来，孩子也乐得坐享其成，而让自己的“天资”睡着了。另一些父母，当孩子一时达不到自己的要求时，就一味地指责、批评，孩子的潜能就被压抑住了。

4. 不要吝惜你的赞美

当孩子取得一定的成绩时，给他赞美和鼓励的掌声，因为即使是个天才，也同样需要成功的体验来积累信心。

## 多肯定你的孩子

父母对孩子的影响力是无与伦比的，如果父母告诉孩子“你是最棒的！”那么孩子就一定会相信自己是有前途的，随之变得更加自信、自强。因此即便你的孩子不那么优秀，作为家长，你不妨也给孩子一个善意的谎言，把你的孩子变成天才，让他们在各方面都取得异乎寻常的进步。

心理学家曾做过这样一个实验，他让一位爸爸将自己的孩子带到一个温度在摄氏20度左右的房间中，再让爸爸告诉孩子，房间的温度会慢慢降低到摄氏12度，这样孩子慢慢地可能会觉得冷。说完这些话后，爸爸把孩子一个人留在那个房间。心理学家从摄像头中看到，孩子缩着脖子，后来把手也缩到衬衫袖子里去了，而且还打起了哆嗦，最后孩子拼命敲门。出来后孩子对爸爸抱怨说，那个房间实在太冷了！而事实上，那个房间的温度并没有降低过，始终是摄氏20度。这样的试验，又在其他孩子身上做了几遍，情况都是相同的。

我们看，爸爸的谎言对孩子起到了多么强烈的暗示作用，因为爸爸告诉孩子房间温度将会降低，孩子就接受了这种暗示，他们甚至会因此“冷”得打起哆嗦！这实在是太奇妙了，儿童心理学家因此建议说，如果家长能把这种效应用在教育孩子方面，那么一定会给孩子带来非常好的作用。

一位年轻的爸爸第一次参加家长会，他满怀期待，老师会怎样评价自己的孩子呢？轮到他了，幼儿园的老师说：“你的儿子可能有多动症，在板凳上连三分钟都坐不住，你最好带他去医院看一看。”

回家的路上，儿子高兴地问爸爸，老师都说了些什么？他心里很不是滋味，因为全班28个小朋友，唯有他的儿子表现最差；唯有对他的儿子，老师的评价不那么好。然而，他还是告诉儿子：“老师表扬你了，说宝宝原来在板凳上坐不了一分钟，现在能坐三分钟。其他家长都非常羡慕爸爸，因为全班只有宝宝进步了。”

那天晚上，孩子破天荒吃了两碗米饭，并且没让爸爸妈妈喂。

转眼儿子上小学了。家长会上，老师说：“这次数学考试，全班43名同学，你儿子排第41名，而且他的反应奇慢，我们怀疑他智力上有些障碍，您最好能带他去医院查一查。”

回去的路上，他坐在街心的长椅上闷闷地抽着烟。然而，当他回到家里，却对坐在桌前的儿子说：“老师对你充满信心。他说了，你并不是个笨孩子，只是有点马虎，要是能细心些，会超过你的同桌，这次你的同桌排在第23名。”

说这话时，他发现儿子黯淡的眼神一下子充满了光，沮丧的脸也一下子舒展开来。他甚至发现，儿子好像长大了许多。第二天上学，也没用爸爸妈妈叫他起床。

孩子上了初中，初三时，他又去参加儿子的家长会。他坐在儿子的座位上，等着老师点儿子的名字，因为每次家长会，儿子的名字在差生的行列中总是被点到。然而，这次却出乎他的意料——直到结束，他都没有听到。他有些不习惯，临别时特意去问老师，老师告诉他："按你儿子现在的成绩，考重点高中有点危险。"

他怀着惊喜的心情走出校门，此时他发现儿子在等他。路上他扶着儿子的肩膀，心里有一种说不出的骄傲，他告诉儿子："老师对你非常满意，他说了，只要你努力，就一定能考上重点高中。"

后来，儿子从重点高中毕业了。第一批大学录取通知书下达时，学校打电话让他儿子到学校去一趟。他有一种预感——儿子被北京大学录取了，因为在报考时，他对儿子说过，他相信他能考上这所大学。

儿子从学校回来，把一封印有北京大学招生办公室的特快专递交到他的手里，突然转身跑到自己的房间里大哭起来，边哭边说："爸爸，我知道我不是个聪明的孩子，可是，这个世界上只有你能欣赏我……"

这时，他悲喜交加，再也按捺不住十几年来凝聚在心中的泪水，任它打在手中的信封上……

没有一个孩子会在批评贬低声中对学习产生兴趣。这位伟大的父亲一直在"骗"自己的孩子，然而他善意的谎言却给他的孩子带来了信心和勇气，年幼的孩子相信了爸爸的话，爸爸一直都在用语言、用行动暗示他："你是最棒的孩子！"

其实每一个孩子都可能成为天才。但一个孩子到底能不能成为天才，取决于家长能不能像对待天才一样爱他、欣赏他、教育他，能不

能给他一个天才的感觉。比如说破世界纪录的运动员们，在开始比赛前，几乎都有一种预感，觉得自己的状态很好，能出好成绩，而且现场的热烈气氛对他们的情绪高涨也起了很重要的作用。通过这些激励和心理暗示，运动员的自信心得到增强，最大限度地发挥了自己的潜能。这种精神上的鼓励作用，是决定一个人成就大小的重要因素之一。对于父母来说，鼓励孩子并且为孩子未来的发展前景考虑，为他们提供最适当的教育方式，这才是教育的最佳体现。

前苏联教育家赞可夫说："漂亮的孩子人人喜爱，爱难看的孩子才是真正的爱。"同样，赏识和喜爱优秀的孩子是每位家长都能轻而易举做得到的，但是，我们目前所谓的好孩子毕竟只有很小一部分，更多的孩子则属于"普通孩子"甚至"顽劣的孩子"，对于那些没有达到父母预期效果的"坏孩子"，关爱才是真正的雪中送炭，他们更需要格外精心的关爱和呵护。对这样的孩子，家长必须更多地激励，让他们相信，自己确实是最出色的孩子。而一些教育学家也通过实验证明了，对于任何一个孩子，只要他所崇拜的人给他热情的肯定，就能得到希望的效果。也就是说，孩子的成长方向在很大程度上来自父母的期望，你期望孩子成为什么样的人，他就可能成为什么样的人。因此，在孩子表现得不那么尽如人意时，家长们就可以利用心理暗示鼓励孩子，用善意的谎言把孩子的心理调整到一个最活跃的状态，使孩子真的如自己期望的那样达到一个个目标。

# 将孩子变成最幸运的人

每个孩子都是好孩子，都可能成为大用之才，只要爸爸妈妈能够让他找到自信的感觉、成功的感觉，然而生活中，并不是每个孩子都有机会体验这种滋味，有的孩子可能成绩不好，无法获得老师的表扬；有的孩子运动不好，从未得到过象征荣誉的锦旗；有的孩子其貌不扬，无法赢得人们的喜爱……这种失败的感觉对孩子来说是极其糟糕的，它很可能会导致孩子产生自卑心理。因此，爸爸妈妈有时很有必要帮助孩子找回自信。

在一个贫寒的家庭，爸爸靠着微薄的工资养家，一家人相依为命。家中唯一的儿子既懂事，又听话，可是不像一般孩子那么活泼，无论做什么，他都有一些畏缩，也许是因为过早品尝到了生活的艰辛，因而对自己缺少自信。

有一天，儿子眉头紧锁，显得心事重重。爸爸把一切看在眼里，他关切地问儿子发生了什么，儿子起初怎么也不肯说，他不想为难父母，最后在爸爸一再询问的情况下，才吞吞吐吐地说："同学们都有自行车，只有我没有……"

爸爸沉默了，因为家里实在没有多余的钱。

过了几天，儿子惊喜地跑回家，对爸爸说："爸爸，给我一块钱吧。我要玩转盘游戏，转盘上有自行车。"

爸爸看着儿子渴望的眼神，没说什么，把钱给了儿子。

儿子欢天喜地地去了，不久便垂头丧气地回来了。

“我果然是世上最不幸运的人，早该知道买也没用的。”儿子忧郁地嘟囔着。

爸爸意识到自行车对儿子的重要性，若有所思地转身走了。

第二天，爸爸让儿子再去试一次运气。儿子有点迟疑，但在爸爸的鼓励下，还是拿着钱去了。这回，幸运降临了，儿子一蹦一跳地跑回家，对爸爸说：“我中了，我中到自行车了，我是世上最幸运的人，再大的困难也难不倒我了……”

14 年后，儿子事业有成，拥有了不薄的家产。只是那辆自行车他一直当作纪念品保存着。每当他受到挫折时，他都会想起自行车，想起他是世界上最幸运的人。

爸爸临终前，把儿子叫到床边：“儿子，你知道那辆自行车是怎样中到的吗？”

儿子困惑地看着爸爸：“玩轮盘中的呀！”

“不，这辆自行车是爸爸买的。我从亲戚朋友那里借钱买了那辆自行车。因为，我想给你一种感觉，让你觉得你是世上最幸运的人……”

有这样一位懂得如何给孩子心灵激励的爸爸，他的确可称得上是“世界上最幸运的人”了。

也许有的家长已经发现，你的孩子小小年纪便神情忧郁。在学校里，热闹的地方找不到他的身影；在家里，他总是缩在自己的房间里，很少和你们说话。请提高警惕，因为你的孩子可能已经陷入了自卑的泥潭，他可能因为长时间没有受到激励，没有任何成功的体验，因此形成了一种消极的人格特征。如果让他带着这种情绪成长，走向社会，那么他就很可能成为社会惰性群体中的一员，当然也就很难取得什么成就。

自信对孩子来说是最重要的性格特征，它能使孩子对生活中的许多困难产生心理免疫力。而好家长的伟大之处就在于，他们总是能够运用一些方法帮助孩子树立自信心，让孩子相信自己是世上最幸运的人。

总而言之，爸爸妈妈一定要记住，让孩子成才的关键，就是要帮孩子找到那种自信的感觉，只要你用心，你就可以轻松做到这一点。你可以这样做：在孩子成绩取得一些进步时，热烈地为他祝贺；当孩子在手工制作或其他方面做得出色时，给孩子一个略显夸张的表扬，不要怀疑这种做法的作用，只要你能给孩子一份幸运的感觉，一种成功的体验，他就能成为世界上最幸运的人。

# 小进步也别忘记常鼓掌

孩子是非常敏感的，他们会把家长的鼓励当成他们前进的动力，因此，家长在发现孩子养成了不良习惯时，要及早为他指出来，告诉他正确的做法。而当孩子努力改正时，你就要肯定他，哪怕孩子只取得了一点小进步也要为他鼓掌。

在洗手间里，妈妈发现儿子刷完牙后又把牙膏随便扔在漱口杯外面。

妈妈非常生气，把壮壮叫到身边，不满地说："壮壮，你应该可以照顾自己的生活了吧！看，又把牙膏放在外面了。我不是对你说过牙膏用后要放到杯子里吗？”

壮壮根本没有把妈妈的话当一回事儿，只是心不在焉地回答：“知道了。”

妈妈见儿子反应平平，知道刚才说的话并未引起他的重视，于是冲他喊道：“听着，壮壮，你必须把牙膏放进漱口杯里！”

壮壮极不情愿地走进了洗手间，放好了牙膏，转身就走。

“记好了，以后再也不要忘了。”妈妈再次强调。

“知道了。”

第二天，壮壮在刷完牙后，将牙膏认真地放到杯子里了，但妈妈什么都没有说。到了第三天，牙膏又被扔到杯子外面。

“喂，壮壮，怎么搞的，你又忘了把牙膏放回去？”妈妈生气地说道。

“我以为你忘记了。”壮壮说道。

“怎么这么说呢？”母亲疑惑地望着儿子。

“因为昨天我把牙膏放在杯子里了，而你却什么也没有说！”

壮壮为什么又犯了老错误呢？因为当他改正后没有得到妈妈的肯定和重视，因此他又泄气了。如果第二天，妈妈发现壮壮把牙膏放在杯子里后，亲热地对他说：“干得好，壮壮！妈妈知道你一定能改正坏习惯的。”那么壮壮一定会非常高兴，并愿意把好习惯坚持下去。

举这个例子就是为了说明，父母的鼓励对孩子的巨大意义。如果父母能重视鼓励的作用，灵活运用鼓励的手段，那么就能很轻松地帮孩子改正坏习惯。

九岁的卡特有个乱丢东西的坏习惯，他每天放学一回到家，就把他的书包、鞋、外衣扔到客厅的地板上，回到房间后，又把玩具丢得到处都是。虽然偶尔卡特也会按妈妈的要求把东西都摆放好，但大多数时间都是随地乱扔。对此，妈妈试过很多方法来矫正他这个毛病，但无论是提醒他、责备他还是惩罚他，都无济于事，卡特的东西仍旧堆在地板上。

在上述方法都不见效的情况下，卡特妈妈决定试试通过鼓励儿子的方法来使他改正毛病。

这天，卡特妈妈终于看到了卡特把自己的东西收拾得很整齐，她立即走上前去，轻轻地拥抱了一下卡特，高兴地说："看！我就知道你不是个没规矩的孩子！你收拾得多干净啊！"卡特刚开始很吃惊，但很快他的脸上就充满了自豪。因为他将自己的东西带入自己的房间而受到了肯定和鼓励，于是在这之后，他就尽力去这样做，而他的妈妈也记着每次都对他表示感谢和鼓励。

对于正在成长中的孩子来说，日常生活中的好习惯和坏习惯同时存在，如何鼓励孩子保持好习惯，矫正不良习惯，一直是困扰父母的难题。如果适当运用鼓励计来做这项工作，事情就会变得容易得多。

教育学家的建议是，在某些时候，父母应忽视孩子的不良行为，将自己的预期目标分成小步骤，循序渐进地做，这样就能很容易地改掉孩子的坏习惯。也就是说，如果一个孩子有不良的生活习惯或行为，父母不应该对此抓住不放，而应该找到孩子偶尔没有此不良行为的时候对孩子予以鼓励。父母对孩子的每一个微小进步都能加以鼓励，即是对孩子的积极行为进行强化的最好方式。哲学上讲质变是由量变引起的，平时大量的细微进步，积累起来才可能有大的变化。因此，对于父母来说，要想让自己的孩子彻底改正不良习惯，就应该对孩子的点滴进步进行鼓励。

可是生活中，大多数家长往往不注意鼓励孩子的微小进步，他们对孩子的期望比较高，总希望孩子能一下子达到他们的要求。因而对孩子一些细小的进步不是很注意，反应比较冷淡。

父母不要因为孩子的进步太小，就不愿意给予鼓励，这会使孩子觉得家长对自己的进步漠不关心，认为自己的努力白费了。时间一长，孩子就会失去进步的动力，原来可以改变一生的进步也会因为得不到强化而消失。因此，无论孩子是在学习还是生活方面，只要孩子有进步就应给予建设性的鼓励，每有好的表现就要加强鼓励的感情色彩。

鼓励孩子每一个微小的进步，就是在强化孩子的进取之心。不要吝惜你的鼓励，这是帮助孩子改正缺点的必不可少的要素。

# 四、是不是一定要让孩子害怕你

受传统思想的影响，仍有不少家长认为“棍棒底下出孝子”，因而忽视孩子的思想，在教育孩子时往往过于专制和粗暴，孩子做错事时，轻则骂、重则打，以至于孩子十分惧怕父母，无形中给了自己很大的压力。这些家长远没有意识到，打孩子不仅仅是在肉体上对孩子进行伤害，更严重的是对孩子造成心理阴影。孩子一面承受父母的暴力，一面模仿父母的暴力，从而产生暴力倾向。我们反对溺爱孩子，孩子屡屡犯错，对其进行一定的惩罚，让他记住这个错，是有必要的。但必须注意方式方法，不可轻易使用暴力，如果不慎用了粗暴的方法，要及时修复亲情链条，抚平孩子的心灵创伤。

## 孩子越骂越糟糕

父母们都十分热爱自己的孩子，他们希望自己的孩子是最聪明、最勇敢、最完美无缺的人。然而，这是不可能的，孩子们由于缺少自控能力，往往会有许多缺点：淘气、不听话、不爱学习、不讲卫生、说谎……于是一些父母就觉得很失望，责罚孩子，严厉地教导孩子，希望他们能很快改正缺点，结果他们更失望了，孩子越管反而越糟糕。这些家长都是很负责的父母，只不过他们用错了教育方法。

一位家长沮丧地找到儿子的老师："老师，您帮我好好管管小东吧！他怎么这么不争气啊！说谎、逃课、不听话，从来就没见过这么坏的孩子！这样下去我还有什么指望啊?！"老师惊讶地看着这位家长："你就是这样看待小东的吗?"老师随手拿起一张被墨水涂脏了一块的白纸，"你看到了什么?""什么?"家长不明所以地回答，"不就是一块墨点吗?"老师笑了，"为什么你就只看见了墨点没看见这张白纸呢? 脏了的只是一小块，其他的地方还是雪白。孩子更愿意接受奖励式的教育的呀！你眼中的小东说谎、不听话，这是他的缺点，可他还有更多的优点呢！他善良、聪明、会画画、动手能力强、热心……"家长笑了："我可真是个粗心的父亲啊！竟然忽略了孩子的优点，谢谢您，老师！"

生活中，很多父母总是盯着孩子的缺点和错误不放，就如同只看到墨点而看不到大张的白纸，这种情形对教育孩子是极为不利的。因为家长只看到缺点，就会不停地斥责孩子，责令孩子改正。而儿童心理学家告诉我们，孩子是越骂越糟，越夸越好的。只有运用“赏善”的手段，发现孩子的优点，肯定孩子的优点，才能帮助孩子战胜缺点，不断进步。

一个孩子在奶奶家和父母家判若两人。

每次在奶奶家，奶奶都对他赞不绝口：“这么好的小孩子真是难得，小小年纪就懂得礼貌，还知道吃东西的时候要分一份给奶奶！而且呀，我的宝贝孙子都知道帮奶奶干活了。真了不起，奶奶要做你最喜欢吃的鸡蛋糕奖励你！”

可回到自己家里却是另一番景象了。

一进门，妈妈就开始数落：“像你这么调皮的孩子真是天下难找，要多捣蛋有多捣蛋，看衣服脏的，多么讨厌啊。”

爸爸也跟着骂他：“一天游手好闲，不爱学习，什么也不知道做，我怎么会有你这个没出息的孩子！”

再看看孩子，帽子歪戴着，鼻涕也不擦，一副毫不在乎的样子。

什么原因?

奶奶总夸他的优点，于是，越夸越好，在奶奶家，他就是好孩子；父母老是训斥他的缺点，于是，越骂越糟，在自己家里，他就是坏孩子。

儿童心理学家经过千百次的实验与观察发现：小孩子总是在无意识中按大人的评价调整自己的行为，以达到父母奖励，或者抱怨中屡次提到的“期望”。因此家长们应掌握赏善的策略，不要只顾批评孩子的缺点，而是要反过来多对孩子的优点进行奖赏，这样，孩子就会在不知不觉中改正缺点，成为父母所期望的样子。

在很多家庭中，有缺点的孩子被呵斥与责骂是件毫不奇怪的事，因为父母们认为，这完全是为了孩子好，不骂孩子怎么会改正错误呢？然而这只是家长的一厢情愿，几乎百分之百的孩子会认为，大人们这些无休止的唠叨与责骂，简直就是黑暗统治，特别是对一些有缺点的孩子来说，更是一场灾难。父母们也许不知道，没完没了的唠叨与责骂，会彻底击垮孩子的自信，会促使孩子更加沉沦。

有时候，许多孩子丧失上进心，并不是因为他们不求上进，而是因为他们在取得一些进步并表现出自己有上进心的时候，被父母、老师所忽视。而当他们不经意地表现出一些缺点和不足之处时，却会遭到父母们不分场合、不讲分寸、不讲方式、无休止的呵斥打骂，或者是一而再，再而三的批评、唠叨。

其实，聪明的父母们应该知道，与其揪住孩子的缺点和毛病不放，不如多下些功夫，多发现他们的优点与长处，加以赞扬与肯定。用肯定优点的方法去纠正缺点，逐步将他们引导到积极上进的道路上来。

每个孩子身上都有了不起的地方，都有闪光点。作为父母，应该抓住这些闪光点，通过鼓励，使它成为孩子进步的启动点，用这小小的星星之火，点亮孩子智慧的火炬。每个孩子都能迸发出点亮智慧火炬的火花，认真对待每一颗心灵迸发出的火花，抓住它，强化它，也就是说努力去发现、鼓励、扩大孩子的每一个优点，把每一个优点都当作潜在的启动点。

看问题的着眼点不同，会得出完全相反的结论。家长们能多肯定孩子的优点，而不是揪着孩子的缺点不放，那么孩子一定会更好地调整自己的行为，向着父母期望的方向发展。

# 家庭教育要宽严相济

孩子往往会在自觉、不自觉中犯下这样或那样的错误。那么，家长应该如何教育这些犯了错误的孩子呢？孩子犯错时，给予适当的惩罚是很有必要的，但是，我们也不能一味只想着惩罚，而应宽严相济，甚至可以用宽容去“惩罚”，这样的效果有时反而会更好。遗憾的是，很多家长遇到这种情况，第一个念头就是：严厉地教训他一顿，让他以后不敢再犯。而事实上，心理学家告诉我们，宽容孩子的过错才是最有效的教子方法。

不知爸爸妈妈们有没有听过这样一个寓言：

北风和太阳打赌，看谁的力量更强大。它们决定比试谁能把行人的大衣脱掉。

北风先来。它鼓起劲，呼呼地吹着，直吹得寒冷刺骨，可是越刮，为了抵御北风的侵袭，行人越把大衣裹得紧紧的。

接下来是太阳。太阳高挂在天上，轻柔温暖，行人觉得春暖上身，渐觉有点热，于是开始解开纽扣，继而脱掉大衣，太阳获得了胜利。

人们把这种以启发自我反省、满足自我需要而达到目的的做法称为“太阳效应”。太阳之所以能达到目的，就是因为它顺应了人的内在需要，使人的行为变为自觉。

“太阳效应”给我们的教育启示是：在处理孩子的错误时，宽容有时比惩戒更有效。

为什么宽容谅解会产生如此奇效呢？这是因为，当一个人不慎犯错时，首先他自己也会感到痛苦和内疚，孩子亦是如此。这时，他们最需要的是理解和信任。而宽容，恰恰能够给予他们这方面的满足，继而使人认真反省，痛改前非。

有这样一则故事，对家长们来说，应该是一种启迪：

一天，埃德蒙先生回家刚打开厅门，就听见楼上的卧室有轻微的响声，那种响声对于他来说太熟悉了，是阿马拉小提琴的声音。

“有小偷！”埃德蒙先生快速冲上楼，果然，一个十几岁的陌生少年正在那里摆弄小提琴。

他头发蓬乱，外套口袋还露出两个金烛台。毫无疑问他是一个小偷。埃德蒙先生用结实的身躯挡在了门口。

这时，埃德蒙先生看见少年的眼里充满了惶恐、胆怯和绝望。那不是一个孩子应该有的表情。

于是，愤怒的表情顿时被微笑所代替，他亲切地问道：“你是埃德蒙先生的外甥尼克吗？我是他的管家。前两天，埃德蒙先生说你要来，没想到这么早就到了！”

那个少年先是一愣，但很快就回应说：“我舅舅不在家吗？那我先出去玩一会儿，待会儿再回来。”埃德蒙先生点点头，然后问那位正准备将小提琴放下的少年，“你也喜欢拉小提琴吗？”

“是的，但拉得不好。”少年回答。

“那为什么不拿着琴去练习一下，我想埃德蒙先生一定很高兴听到你的琴声。”他语气平缓地说。少年犹豫了一下，但还是拿起了小提琴。

路过客厅时，少年突然看见墙上挂着一张埃德蒙先生的半身像，身体猛然抖了一下，然后头也不回地跑远了。

埃德蒙先生确信那位少年已经明白是怎么回事了，因为没有哪一位主人会用管家的照片来装饰客厅。

三年后，在一次音乐大赛中，埃德蒙先生应邀担任决赛评委。最后，一位年轻的小提琴选手凭借雄厚的实力夺得了第一名！评判时，他一直觉得这位选手似曾相识，但又想不起在哪里见过。颁奖大会结束后，这位选手拿着一只小提琴匣子跑到埃德蒙先生的面前，神情激动地问：

“埃德蒙先生，您还认识我吗？”埃德蒙先生摇摇头。

“您曾经送过我一把小提琴，我一直珍藏着，直到有了今天！”年轻人热泪盈眶地说，“那时候，几乎每一个人都把我当成垃圾，当您出现在门口时，我以为自己彻底完了，但是您宽恕了我，让我在贫穷和苦难中重新拾起了自尊，心中再次燃起了改变逆境的熊熊烈火！今天，我可以无愧地将这把小提琴还给您了……”

琴匣打开了，埃德蒙先生一眼瞥见自己的那把阿马拉小提琴正静静地躺在里面。他走上前紧紧地搂住了这个激动的年轻人，三年前的那一幕顿时重现在埃德蒙先生的眼前，原来他就是那个少年！埃德蒙先生眼睛湿润了，少年没有让他失望。

宽容，使埃德蒙先生成功地唤醒了孩子的良知，让孩子彻底改正错误，走上正途。这个故事应该让家长们有所感悟。

现实生活中，有些家长由于望子成龙、望女成凤心切，总是容不得孩子有过失、犯过错，认为必须严厉地教育孩子，才能使孩子改过。但他们不知道，这样做往往会使孩子产生逆反心理，一些孩子甚至就越骂越皮，干脆破罐子破摔了。因此，当我们的孩子犯了某种错误时，如果他自己对错误或过失的严重性已经有了较深的认识，深深地感到后悔和内疚了，这时，爸爸妈妈们不妨宽容一点，给予孩子足够的理解和信任，这样的教育方法会使孩子更好地反省自己，改正错误。

# 惩戒要有，但要适度

父母总希望孩子能听自己的话，可孩子偏偏把父母们苦口婆心的说教当成耳边风。

“孩子怎么这么犟呢？我们说了那么多都是为了你好，想想看，如果是别人的孩子，我会对你说那么多吗？爸爸妈妈不会害你的！”在教育子女无效后，父母真是满肚子的苦水无处说。

怎么能让孩子听话？假如世上有让孩子听话的药，估计父母们肯定会不惜一切代价买回家在第一时间给孩子吃的。可世上哪会有这种药呢？还是看看专门研究家庭教育的专家们有什么新鲜招数吧！

一位爸爸抱怨：“我一直非常注意女儿的成长，特别是她的缺点，我会想办法让她尽量改正。为此，我天天讲，月月讲，真是磨破了嘴皮子。刚开始我说她，她还听，慢慢地她就对我说的话不予理睬，不当回事。现在我无论说什么，她都好像没有听见，无动于衷。我实在想不出用什么方法来管教她……”

这位父亲的苦恼其实是孩子对反复出现的某类刺激所产生的一种习惯性倾向，导致心理反应迟钝或弱化，甚至不起反应，这是目前很多父母共同面临的一件头痛事。

当孩子有了过错以后，父母批评孩子不是对事不对人，而是用简单的否定、粗暴的训斥、讽刺来对待孩子。如“你真是笨，一辈子没有出息”，“现在就学会了撒谎，长大后不知道成什么样子”。这类语言最伤孩子的自尊心，使孩子变得对任何事情都无所谓，甚至自暴自弃，不思进取。

有的父母往往以成人的标准来衡量孩子，不是站在发展的立场上，宽容地接受孩子由于缺乏经验与能力而犯的过失，而是小题大做，大发脾气，并且将孩子以往的所有错误重新数落一遍，引起孩子反感。

对于孩子的坏毛病，爸爸妈妈要适当地予以惩罚，但是千万不能过量。我们中国以前的传统家庭是："家有一老，如有一宝。"现在的小家庭则是："家有一小，如有一魔。"孩子一再犯错，家长该怎么办？那还用说：惩罚。但是惩罚孩子一定不能太严格，否则孩子一旦犯了错就会非常担心被父母惩罚，时间一久就很可能产生焦虑症。

婷婷非常喜欢奥特曼，所以爸爸给她买了一个奥特曼的玩具。一天，爸爸出门时把玩具放在桌子上，婷婷的小伙伴乐乐跟着妈妈来婷婷家玩。两个妈妈在客厅说话，婷婷就跟乐乐在卧室玩。

乐乐对婷婷说想玩一下她的奥特曼，可是桌子太高了，怎么也拿不着，这让她十分懊恼和沮丧。于是，婷婷就让乐乐的小手努力、再努力地往前伸，结果一不小心玩具掉了下来，摔坏了。婷婷十分慌张地看着它，然后怒冲冲地对乐乐说："你真笨，怎么能够这样啊？你赔我的奥特曼。"婷婷妈和乐乐妈听见孩子的争吵声，都跑进卧室看。但是任两位妈妈怎么劝，婷婷就是不依不饶的，这弄得乐乐妈很尴尬。

不一会儿，婷婷爸爸回来了。他听到婷婷的叙述，就说："好了，别闹了，爸爸明天再给你买。"可是，婷婷一听更闹得厉害，竟然还坐在地上撒起泼来……结果，爸爸暴跳如雷，一边骂一边打："你怎么这么不懂礼貌？这么没有规矩啊？乐乐是你的小伙伴，不小心把你的玩具弄坏了，又不是故意的，而且乐乐和她妈妈都已经跟你道过歉，我叫你不听话，我看你就是找打！"说着，爸爸就把婷婷拎起来，在她的屁股上打了几下。这下，婷婷哭得更凶了，站在一旁的乐乐傻眼了，乐乐妈也更尴尬了……

父母教育孩子不是单用“拳头”才能把问题解决掉的，在孩子犯错误时，父母应该第一件事想到的不是处罚，而是通过某种方法让孩子认识到错误，主动加以改正。这样，孩子不但会改进，而且当他们下次犯错误的时候，不会由于怕父母处罚而担忧和撒谎，他们会主动交代错误。所以，父母不要轻易做“黑脸”，动不动就处罚孩子，而是要记住适度惩罚。

国外有教育专家通过多年来的调查得出结论：不当惩罚孩子，只能影响孩子的成长。孩子年幼时，会出现严重的焦虑症，看到父母发火时，就会表现出紧张、焦虑的情绪，父母越罚、哭得越凶；进入青春期后，他们的叛逆情绪则会超出正常范围，经常选择不理智的举动，以此来对抗父母的惩罚。当问起这些孩子的心理状态时，他们总会这样回答：“我那么做也是没办法。因为我知道，如果我犯了错误，爸爸妈妈肯定不会轻饶我的。既然如此，我何不进行反抗呢？谁让他们这么对我！”

孩子的这种话，相信父母看了一定会心惊肉跳。所以，面对孩子的错误时，父母还是尽量忘记“惩罚”这个词吧。父母的教育，不是惩罚这么简单，而是应该通过合理的手段，让孩子认识到错误，主动加以改正。这样，孩子不但会汲取经验，而且当他下次犯错误的时候，他不会由于怕父母处罚而担忧和撒谎。

父母的责任，是引导孩子成为一个健全的人，而不是培养“敌人”。如果父母总在惩罚孩子、教训孩子，孩子势必会因此感到苦恼，认为是父母不爱他们、讨厌他们，无形中和父母之间有了距离。这样的话，交流的大门就会慢慢关上了。

面对孩子的错误，家长不要动不动就大声斥骂，甚至打他，而是要找到适当的方法，给他适度的惩罚。只要成功地抑制了孩子的错误就行了，没必要太严厉。

1. 家长要克制自己的怒气

面对孩子的错误，家长首先要控制自己的愤怒情绪，先想想为何孩子需要以不当的手段（如欺骗）来获取他想要的东西，或掩饰他的错误。

2. 给孩子解释的机会

家长应询问孩子犯错的原因，借此了解孩子这样做的目的，并且适时教育，纠正其偏差的观念及行为。

3. 预先和孩子订好处罚方式

比如，事前告诉孩子，一旦犯了什么错误，就要减少零食的数量，少给零花钱，两天不能看电视等等，让孩子心里有数，而不是提心吊胆地想："还不知道他们怎么惩罚我呢。"

4. 采用隔离式惩罚的方法

看到孩子做错了事，家长自然不高兴，想要对他进行惩罚。但是拳脚相加，这并不是最好的方式。爸爸妈妈可以采取"暂时隔离"的处罚方式。"暂时隔离"就是在孩子犯错时，让他坐在角落的一张椅子上，以一岁一分钟为原则，思考一下自己的行为。需要注意的是，这种方法不是要家长把孩子囚禁。处罚的同时，要让孩子明白自己做错了什么，因为孩子如果不明白自己为何受罚，那么处罚就没有意义了。同时，家长还要保持语气上的平和，万万不可表现出威胁、暴躁的口吻。

5. 惩罚时别忘了正面引导

有的家长在惩罚孩子时，还不忘说这样的话："你真不争气"、"没出息的东西"，如此责备，只能把孩子往歪路上推。懂得教育的家长，应当是在惩罚结束后，用肯定的语言，如"你是有出息的"、"肯定会争气"等，给予正确引导。只有让孩子意识到了错，愿意进行改变，他才能体会到爸爸妈妈的心，从而将冲突的概率降至最低。

# 引导孩子自己去反省

一个善于自我反省的人，往往能够发现自己的优点和缺点，并能够扬长避短，发挥自己的最大潜能，去做好每一件事；而一个不善于自我反省的人，则可能会一次又一次地犯同样的错误，不能很好地发挥自己的能力。

楚汉相争，最终以项羽的失败、刘邦的胜利而告终。项羽之所以失败，就是因为他刚愎自用，不听别人劝谏，做不到自我反省，屡犯同样的错误，最终只能投身乌江。反观刘邦的成功，就是因为他能够听取别人的意见，能够自我反省，不再犯同样的错误，才赢得了整个江山。而后来刘邦能够平定叛乱，稳坐天下，也是因为他能够自我反省、吸取教训。

善于自我反省成就事业的人屡见不鲜，因不能自省屡屡失败的人也不在少数。所以培养孩子，就需要培养他们做事自我反省、自我修正的态度，这样才能使他们在做事的时候减少失误，走向成功。

姑姑送给童童两条美丽的小金鱼。童童十分喜欢，把鱼儿放在玻璃缸里，看它们在水中自由地畅游。有一天，童童突发奇想，把金鱼从水中捞出来，丢在地板上。看到金鱼不停甩动尾巴，童童觉得很好玩。

“童童，你怎么这么残忍！鱼会干死的，赶快把它们放回水里去。”妈妈看到这一情景，大声呵斥童童。童童无动于衷，对妈妈的呵斥置若罔闻。这时，外婆走过来说：“童童，如果你口渴时不给你水喝，你会怎样呢？”“我会很难受。”童童有过口渴难耐的经历，便不假思索地说。

“是啊，没水喝很难受，可你把鱼从水里抓出来丢到地上，让它们没水喝，你说它们难不难受啊？而且，鱼是水生动物，比人类更需要水，一旦离开水，很快会死的。它们拼命甩动尾巴，是因为它们太难受了。”外婆继续开导童童。童童不作声了，沉思了片刻，他对外婆说：“我错了，我以后再不把金鱼丢到地上玩了。”

当孩子做错事时，让孩子学会自己去反省，去总结经验教训，他们便不会再犯同类的错误，效果会比家长一味地斥责要好得多。

每个孩子的成长，都会有失误、过错伴随。面对孩子的失误、过错，我们不应该过多批评和指责，因为我们尚且也有失误、过错的时候，更不用说成长中的孩子了。面对孩子的失误、过错，最好是诱导他们去自我反省。

上小学的儿子放学回家后又向父亲抱怨同桌小海很讨厌，总喜欢和他过不去。父亲问他：“你喜欢吃榴莲吗？”

“不喜欢，但喜欢吃樱桃。”儿子虽然觉得父亲的问题奇怪，还是认真地回答了。

“你不喜欢吃榴莲，那有没有其他人喜欢吃榴莲呢？”

“当然有！”儿子的回答很迅速。

“那你不喜欢吃榴莲是榴莲的错吗？”

“当然不是！”儿子笑了。

“那你不喜欢小海，是小海的错吗？”父亲的提问让儿子怔住了，他一时不知道该怎么回答。但是，他显然明白了父亲为什么要提这样的一个问题，也开始反省自己有哪些不足之处。

后来，这位父亲就很少听到儿子的抱怨了，儿子放学回到家后的心情也一天比一天轻松。

可见，这位父亲的对儿子的教育方式是聪明且成功的，他以“润物细无声”的方法达到了让孩子自我反省的目的。

要让孩子学会自我反省，就应该让孩子学会总结经验教训，因为总结经验教训事实上就是对自我行为的一种反省。例如，一个孩子用打架来解决与同学之间的矛盾，如果他在打架上吃了亏，他会想：“上次我感到生气的时候是用打架来表达我的愤怒的，结果我被别人打了。那么下次发生这样的情况时，我该怎么办呢？我可以不用打架的方式吗？我应该想一想更好的解决问题的方法了。”

所以，培养孩子善于做自我反省，家长应该注意以下几点：

1. 教育孩子不必对他人的批评大惊小怪

在教育孩子的过程中，我们在提倡赏识教育的同时，也不应放弃对孩子的批评教育。当然，批评孩子的语气要温和，批评孩子的缺点应该中肯。父母还需要告诉孩子，在接受他人批评的时候要认真倾听，保持平和的心态，有则改之，无则加勉。

2. 允许孩子做出解释

当孩子有了过失，父母如果允许孩子对事情做出解释，不仅可以更全面地了解事情的真相，还可以引导孩子进行自我反省。比如，为什么自己的行为得不到别人的认可，是不是哪里做得不好等。当然，父母应该让孩子明确的是，允许他做出解释，并不是让他推卸责任。

3. 批评孩子时要诱导孩子反省

父母在批评孩子的时候不仅要讲究批评的方式和方法，而且对其他孩子的评价也要适当，不能过分夸张。父母应该让孩子明白，对待批评，头脑应该冷静，不要过于冲动，但这并不表示默不作声，而是应该仔细反省自己的行为是否有不恰当的地方。

自我反省是孩子成长的一个秘诀。一个不会自我反省的孩子永远也长不大。懂得自我反省的孩子，就等于掌握了自我完善和健康成长的秘方。

# 让孩子在错误中学到东西

当孩子做错了事后，心里会感到非常害怕，这时家长再去严厉责备孩子，只会加深孩子的恐惧，有的孩子甚至因此害怕而不敢承担责任。爸爸妈妈们应该这样想，反正错误已经造成了，因此也不必再去苛责孩子，现在最重要的是怎样让孩子从小错误中领悟大道理，不能让这个错误变得毫无意义。

教育学家认为，最好的父母是那些具有宽容之心的父母，这样的父母教育出来的孩子往往是勇敢而豁达的。这是为什么呢？举个例子说，一个孩子如果不小心弄坏了爸爸的剃须刀，孩子会很害怕受到父亲的责罚。但如果他的父亲谅解了他，并告诉他剃须刀的正确用法，那么这个孩子就一下子从他所犯的错误中学到了很多东西：一、剃须刀的使用方法。二、负责任。如果以后再犯错误，有了这次的经验，孩子也一定会承担责任。三、宽容。父母是孩子的榜样，父母能够宽容孩子的过错，孩子也会用宽容的心态看待一切。

爸爸妈妈不在家，五岁的鹏鹏想喝牛奶，于是他决定自己去拿。牛奶在冰箱里，小小的鹏鹏根本够不着，他搬来一把椅子，踩在上面，左手扶墙，伸出右手去拿大罐子的牛奶，却没有拿稳，手一松，整罐牛奶都打翻在地上。牛奶淌了一地，几乎整个厨房的地面上都是。鹏鹏很害怕，他想爸爸妈妈一定会很生气。

意外的是，爸爸妈妈回来后看到这种情况并没有发火，爸爸说：“我从来都没有见过这么漂亮的牛奶海洋。”看到鹏鹏的紧张情绪已经缓解，妈妈接着说：“你愿不愿意跟爸爸妈妈一起把牛奶打扫干净呢？牛奶海洋是很漂亮，但是这样子的话地板上就很脏了。”

接下来，爸爸拿着拖把、妈妈拿着扫帚带着鹏鹏一起把厨房打扫了一遍。然后，爸爸又把他先前打翻的牛奶罐子装满水，放进冰箱，教鹏鹏怎么拿才不会把罐子打翻。

其实小孩子都是这样，他们尝试去做某些从未做过的事，而父母又不在身边的时候，也许会因为自己的举动给父母带来麻烦。

家长们不妨想一想，如果你的孩子不小心打翻牛奶瓶时，你会怎么处理呢？是怒气冲天，大声呵斥孩子：“你那么笨啊，连牛奶都不会拿？”还是赶紧自己收拾残局，告诉孩子：“没关系，没关系，你不要过来，不要踩到牛奶，让爸爸来收拾。”还是叫孩子一起来收拾，一起承担自己不小心做错的事？然后，再教孩子怎么去做就不会再次出错？

很显然，我们应该选择的是第三种做法，这样，你的孩子以后做事就“不怕做错事”，也有信心和勇气不断尝试、实验；尽管有时还是会出错，但他会学习用“心平气和”的心来看待，并勇敢地“自我承担”所做的一切。更为重要的是，他从你的身上学会了宽容别人的一些无心过错。

一天，鹏鹏的朋友——五岁的亮亮不小心把鹏鹏辛辛苦苦做好的纸房子给弄坏了。可原本很生气的鹏鹏并没有像往常一样跟自己的小伙伴打起架来，而是拉起亮亮的手说：“亮亮，咱们再做一个。”鹏鹏想起自己打翻牛奶，爸爸妈妈都没有骂自己，亮亮只不过是弄坏了纸房子，那更是可以原谅的了。爸爸站在一旁，欣喜地看着鹏鹏：“宝贝，你做得很对！”“爸爸，我还会教会亮亮怎么制作小船！”得到爸爸鼓励的鹏鹏高兴地说。

心理学家告诉我们："当一个错误已经发生、覆水难收时，你发再大的脾气，也都于事无补。"大声责骂小孩，也只是使小孩更害怕、更恐惧而已，更糟糕的是，你的愤怒造就的可能就是一个胆小狭隘的孩子。在生活中，当错误已经发生时，宽容孩子的错误，教会孩子勇敢面对、勇敢承担才是父母最好的选择。

而生活中，一些父母往往对于孩子太过苛刻，不能宽容，结果他们的孩子根本无法从错误中学到任何有价值的东西，孩子也因此变得越来越胆小畏缩。在这里给家长们提点建议：不要总是抓住孩子的错误不放，严厉地训斥他们。因为低俗的教育只能培养出低俗的孩子。因此父母们应当尽可能地宽容自己的孩子。当然，宽容孩子不是纵容孩子，宽容是为了让孩子在错误中学到东西，让孩子不再犯类似的错误，宽容孩子的错误就是给孩子痛改前非的机会。

# 奖励诚实比惩罚撒谎更重要

几乎每位父母都会遇到孩子说谎的问题，而通常父母采取的教育方法，就是给孩子严厉的惩罚。而儿童心理学家告诉我们，这种教育方法对改正孩子的说谎习惯效果并不好，它只会加深孩子的防卫心理，让孩子继续以说谎的方式掩盖自己的错误。

六岁的明明是个小调皮，经常闯祸。有一天，明明见爸爸不在家，就把茶几上的水晶苹果拿来玩，一不小心就摔碎了。明明很害怕，就把碎片扔进了垃圾筒里。但爸爸回来后还是发现了，他大声问明明，到底是谁弄坏了水晶苹果？明明撒谎说是小猫给踢下来的，可爸爸根本不信，最后明明只好承认是自己干的。爸爸更生气了，狠狠地打了几下明明的屁股，“看你还敢不敢淘气！知道那是多有意义的纪念品吗？”明明嗓子都哭哑了，他只知道自己因为说了实话被打了，他决定下次再也不和爸爸说实话了！

不要认为严厉的惩罚可以遏制孩子说谎，这样做往往是适得其反的，当你发现你的孩子说谎时，千万不要气恼，甚至不分青红皂白地训斥孩子。尤其是当孩子主动承认错误之后，父母应该适时给予表扬，肯定他说实话是好的表现，然后指出错误的危害性，让孩子在赞扬声中知错能改。

但有不少父母，却很难做到这一点，往往在孩子说了实话后，知道是孩子做了错事，遏制不住地大发雷霆，甚至把孩子痛打一顿。试想这样对待犯错的孩子，那孩子以后还敢说实话吗？所以提醒父母们，应该运用“赏善”的手段，让孩子知道，勇敢地承认自己的错误，而不撒谎去掩饰错误，不但不会带来屈辱，还会受到奖励。

查理·梅尔森胆战心惊地站在爸爸面前，而爸爸手里拿着查理的成绩单：“说吧！查理，你的数学真的是 89 分吗？”查理犹豫了一会儿，现在他决定说实话了：“不，爸爸！对不起，我改动了成绩单，其实是 69 分。”查理想，爸爸一定会狠狠地骂我一顿，可是他却听到了爸爸的笑声，“好样的，孩子！知错能改就行！你没有继续撒谎，我很高兴。拿着，这是诚实的奖励！”爸爸的手上是一枚闪亮的银币。查理欢呼着接过银币，跑到街上去了。

刚出家门，查理就被伙伴们拉着去打雪仗。

查理攥了一个很大很硬的雪球使劲向皮特掷去，但雪球没砸到皮特，却砸碎了对面的玻璃。因为害怕，他就飞快地跑开了。但是没跑多远就停了下来，他决定回去，用自己那唯一的银币来补偿打碎的玻璃。

他按响了门铃，从屋子里出来一位先生，查理说："先生，是我把你家玻璃打碎了，但我并不是故意的，希望您能原谅我。"说着，他把自己那仅有的一枚银币拿了出来，然后把它递给那位先生说："这是我父亲给我的礼物，希望它能够赔偿您的损失。"

这位先生接过了钱说："你还有钱吗？"

查理说："没有了。"

"好，"那位先生说，"你会有更多钱的。不过你能告诉我你家的住址吗？"查理告诉了他。

回家后，当父亲问及他是怎么花那个银币的时候，查理把白天发生的事情如实地告诉了父亲。父亲笑了起来，他递给查理两枚银币，原来那位先生不但退回了查理的银币，为了奖励查理的诚实，还另外送给他一枚银币。

孩子如同一张白纸，而握在父母手中的那支笔，将决定孩子的一生。在这个故事中，查理的爸爸在儿子说了实话后，原谅了儿子的错误，这使查理认识到，说实话并不可怕，这是完全可以被谅解的，不必说谎。因此当他砸碎了别人的玻璃后，才会主动地去承认错误。看来，遏制孩子说谎的习惯，奖励诚实确实比惩罚撒谎更重要。

另外，教育专家还给出几招，可以帮助家长们培养孩子诚实的品质。

1. 用具体的规则来要求孩子

光讲道理是不足以防止孩子说谎的，教育孩子诚实，必须要有行为规范的具体要求，让孩子从小就按诚实的标准来严格要求自己，自觉养成良好的品质。家长可以针对孩子的实际情况，提出"三不要"的具体要求，即不编瞎话，不讲假话，不谎报成绩，等等。

2. 多给孩子一点诚实教育

可以用举实例、讲故事的方法给孩子讲做人不诚实会带来什么恶果，而诚实的品质对人的发展多么重要。要让孩子坚信，弄虚作假、坑蒙拐骗是可耻的行为，必将受到惩罚。教导孩子从小就做一个诚实的人，自己有缺点、错误要勇敢承认，做自我批评，也接受他人批评，决不隐瞒、造假。这样一来，孩子长大后才能坦坦荡荡、光明磊落地做人。

3. 屡教不改的情况下，应对孩子的撒谎行为进行适当惩戒

在认真耐心的教育之后，孩子仍然出现说谎等行为时，可以采取一定的惩罚措施。这种为“戒”而“罚”，也是爱的基本方式之一，然而这又是一种最令人棘手和带有风险的爱，因为孩子容易抵触施加惩戒的人。但是，如果你的惩戒适度，又执行得合理、巧妙，事后讲清道理，孩子会受益很大，并心悦诚服。当然，对孩子的惩罚，不要严厉到使他甘愿冒险说谎的地步。

## 在温和的探讨中点拨孩子

其实孩子有了委屈、疑难的问题时，也愿意向家长请教，孩子犯了错误时并不拒绝父母的管教，只是他们无法接受一些家长的教育方式：严厉的斥责只会让孩子感到委屈难过。而家长斥责孩子的话即使再有道理，再有深意，孩子也不会去反省什么，因为他的心已经被愤怒和不平占据了。

要让孩子改正错误，那么一顿严厉的斥责就够了，只不过相同的错误，孩子很可能以后还会再犯；要让孩子深刻认识到自己的错误，真正反省，那么，家长就得运用点拨的手段，让孩子明白其中的道理，

并自觉规范自己的行为。

那么，怎样才能成功地点拨孩子呢？教育学家认为，父母的态度和方式很重要。如果父母板着脸，不停地向孩子说教，那么即使父母的话字字珠玑，孩子也是听不下去的，更别说自行从中悟出道理了。因为父母的严厉态度让孩子感到害怕，父母的说教让孩子产生厌烦，这样做是根本无法达到教育目的的。

教育学家建议，父母应用温和的态度，在与孩子的探讨中启发孩子、点拨孩子。

乐乐是个非常调皮的男孩，上小学四年级。每天放学后，乐乐总是不做作业，放下书包就跑出去玩。为此，爸爸总是训斥他，有时还打骂他，可他却总也不改这毛病。有时在爸爸的强迫下，勉强坐下来做作业，可总是不专心，而且做得马马虎虎，错误很多，爸爸拿他也没办法。

有一天，乐乐的姑姑到他家来，正好看到哥哥因为做作业的事在训斥乐乐，可乐乐很倔强，不管爸爸怎么说，他就是不开口，也不去做作业，气得爸爸要打他。姑姑见此情景，对乐乐爸爸说："大哥，我来和他谈谈。"乐乐的姑姑是位老师，她把乐乐带到他的房间里，摸着他的头问："乐乐，在外面玩得开心吗？"乐乐说："也不是特别开心。""那爸爸让你做作业，你为什么不做？""爸爸对我太凶了，总是骂我，我就是不做，故意气他。""那你觉得完成作业再去玩好，还是玩过再做作业好呢？"乐乐不说话，姑姑又说："你是不是也觉得做完作业再去玩，心里没有压力，也不用听父母的责备，会玩得更开心？"乐乐点点头。"姑姑知道，乐乐是个懂事的孩子，聪明也爱学习，就是爸爸妈妈不催，你也会主动完成作业的，是不是？"乐乐点点头，走到书桌前，打开书包，开始做作业，而且特别认真。

乐乐爸爸由此认识到了自己以前的做法是错误的，由于对乐乐粗暴的态度让孩子反感自己，越来越不听自己的话。从此以后，乐乐的

父母改变了态度，不再严厉地责备他，而是以温和的态度对待他，乐乐变得懂事了，学习成绩也有了很大的进步。

其实，家长们应该想到，既然想点拨孩子，就得让孩子先接受自己，实现良好的亲子沟通，这样孩子才能接受你的想法。另外，点拨就是让孩子自觉产生正确的想法，这是需要家长的诱导而不是灌输的。

父母以温和的态度来对待孩子，是对孩子的尊重，也是高明的教育方法。家长只有掌握了这一点，才能成功实现与孩子的良好沟通。

1. 温和的态度让孩子不惧怕交流

爸爸妈妈以温和的态度对孩子，孩子在面对爸爸妈妈时就不会因为害怕而紧张、恐惧，也不会因为反感大人的训斥而产生对抗甚至仇视的心理，孩子会用一种平静的心情和爸爸妈妈交流，会认真听取爸爸妈妈的意见，也只有在这种基础上，点拨才能发挥效用。

2. 温和的态度鼓励孩子说出真正的想法

当爸爸妈妈以温和的态度对待孩子，与孩子平等地交流时，孩子觉得自己受到了爸爸妈妈重视，而爸爸妈妈的眼神、鼓励的话语，也会让孩子产生倾诉的欲望，使孩子会把自己内心的想法都告诉父母。

3. 温和的态度拉近亲子距离

态度体现了一个人的修养，与人交流时用什么样的态度，体现了一个人的修养如何，即使是父母在与孩子沟通时也不可忽视这个问题。温和的态度是一个人良好修养的体现，温柔的眼神、微笑的表情拉近了与孩子的距离，使孩子乐于亲近父母。

爸爸妈妈们要记住，点拨的重点在于提示、引导，而不是灌输，因此一定要把握自己的态度和教育的方法，这样才能让孩子产生自觉的行动，达到教育的目的。

# 耐心疏导化解逆反

青春期逆反心理其实是一种渴望独立的信号，但是这并不是说，对于孩子的逆反心理与逆反行为我们就可以忽视，因为听之任之很可能会使孩子形成病态人格，但如果对其粗暴制止或强行压制，就会加剧孩子的逆反，将他们推向另一个极端。所以家长们只能耐心疏导，才能解开孩子心中的“疙瘩”，消除孩子的逆反心理。

李楠今年14岁，从小就很聪明，也很听爸妈的话，可近来变化较大，凡事总爱与父母顶嘴，自作主张，有时还偏要同父母“对着干”。例如，小学毕业后，爸爸为李楠选择了就近的一所重点中学作为报考志愿，而李楠偏挑选了一所离家较远的中学。他不是喜欢路远，而是有意与家长闹别扭。李楠有鼻炎，妈妈配来滴鼻药水，他却有意把瓶摔了；妈妈问他考试成绩，他故意说不及格；爸爸平时工作忙，找机会想跟李楠聊聊，他却把爸爸拒之门外……爸爸妈妈十分焦急，不明白李楠为什么突然这么不听话，他们一时不知如何是好。

随着孩子一天天长大，做父母的烦恼也就越来越多了，总觉得孩子越大越不听话，越难管教。于是，家长们想尽了办法，最初是忍让，然后是哄劝，接着就是打骂，等这些办法都没用时，一些家长就灰心、放弃了。

陆伟是个15岁的孩子，是家中的独生子，是父母头痛的根源。据爸爸说，陆伟在上中学以前原本是个不错的孩子，学习不错，是体育委员，老师还说陆伟脑瓜灵，是上大学的苗子。可现在——现在整个儿就是一个小混混儿：头发染得五颜六色，抽烟、逃课，甚至还交了一个女朋友。父母痛心极了，就算是青春叛逆期吧，可自己也没少管孩子，怎么越管倒越糟了？后来陆伟的爸爸带着陆伟去看心理医生，在心理医生的引导下，陆伟终于说出了自己的心里话："也不知道为什么，反正上中学后，我就觉得很烦躁，看什么都不顺眼！偏偏爸妈还把我管得更严了，处处限制我，我又不是小孩了，有些事情我讨厌他们管我。可他们却骂我学坏了，不让我交女朋友，不让我和不三不四的人来往，让我好好学习……我才不听他们的呢！他们让我怎么干，我偏反着来。"说到这里，陆伟甚至得意地笑了笑，"好了，现在我变成坏孩子了，让他们再管我，再骂我！"

美国20世纪60年代嬉皮运动的口号之一是："如果吃药违法，我们早就吃了。"这句口号反映出了逆反期孩子的一种典型心态：和一切正统的东西对着干！而这一时期的孩子最反感的就是父母粗暴的压制，他们甚至会为了反抗父母的压制，故意走上邪路，就像上个故事中的陆伟一样。

那么怎么办呢？教育学家认为，与其"堵"，不如"疏"，只有悉心疏导才能化解孩子的逆反心理。逆反心理总是伴随着一定不愉快的情绪体验，因此先要"疏流"，然后才能"改道"。首先，家长应主动与孩子建立良好的关系或改善原有的不和谐关系，以赢得孩子的信任，注意——真诚、尊重是与孩子交谈和沟通的前提；其次，要学会倾听，用同理心去考虑孩子面对的问题，注意——这个时候并不需要对孩子的情绪进行逻辑分析，也不需要侃侃而谈教育大道理，鼓励和引导孩子毫无保留地说出自己的看法和感受，是改变认知偏差的前提，认真地倾听孩子的感受，不仅有利于孩子敞开心扉，缓解情绪压力，而且有利于尽快找到产生逆反心理的“根源”。

另外，家长也可以在孩子面前承认自己也曾有过偏执、怨恨或古怪的言行，有意识地自我表露，这样可以拉近与孩子的心理距离。当孩子觉得自己不能被人理解时，爸爸妈妈可以适当地透露自己也曾有过类似的感受或体验。这样有助于有逆反心理的孩子解除心理防线，共同找到解决问题的办法。

总而言之，家长们应该认识到，对孩子的逆反，既不可过度压抑，又不可放任不管，只有抓住孩子逆反的根源，耐心疏导，循循善诱，才能把孩子引导到正确的人生道路上来。

## 愤怒时做一下深呼吸

在我们自己的童年时代，没有人告诉我们如何处理生活中不可避免的愤怒情绪。我们受到的教育让我们对自己的愤怒感到内疚，在表达愤怒时有一种罪恶感。我们相信愤怒是不好的，愤怒并不只是不好的行为，它还是一种重罪。对待我们自己的孩子时，我们努力忍耐，事实上，忍得太久，迟早我们必然会爆发出来。我们担心自己的怒气会伤害孩子，所以我们忍着，就像一个潜泳者屏住呼吸一样。但是在这两种情况下，忍耐力都是相当有限的。愤怒，就像普通的感冒一样，是种周期性复发的麻烦。我们可能不喜欢它，但是我们无法忽略它。我们可能很了解它，但是无法阻止它的发生。愤怒发生后的后果和情形都是可以预见的，但是它看上去总是那么突然，意想不到。而且，尽管发怒的时间可能持续的不长，但在当时看来仿佛会没完没了似的。

当我们发怒时，我们的行为就像完全失去了理智，我们对孩子说出的话，做出的事，哪怕是在打击敌人时都会犹豫一下。我们大喊大叫、辱骂、抨击。当这一切结束时，我们会感到内疚，我们郑重地决定，以后绝不重复这样的行为了。但是，愤怒会无可避免地再次来袭，破坏了我们良好的愿望。我们再一次猛烈攻击那些我们为了其幸福愿意献出生命和财富的人，而试图不再生气的决心不但没用，甚至更糟糕。这样做的结果只能是火上加油。愤怒就像飓风，是生活中的一部分，你不得不承认，而且还要准备好。安宁的家庭，就像希望中的和平的世界，并不是依靠人性中突然的善的改变，而是依靠周密计划的程序，可以在爆发前有系统地减轻紧张情绪。

精神上健康的父母并不是圣人，他们能意识到自己的愤怒，并且重视它，他们把愤怒当成一种信息资源，是他们关心孩子的表示。他们的言语和他们的心情一致，他们不会隐藏自己的情绪。下面这件事就说明了一个母亲在释放她的怒气时是如何鼓励合作的，而不是辱骂或羞辱自己的女儿。

简 11 岁，一回到家就大叫："我无法打棒球，我没有衬衣！"她的妈妈可以给女儿一个可行的建议："穿那件宽松的上衣。"或者，如果希望提供帮助，她可以帮助简找一件衬衣，但是简的妈妈没有这样做，而是决定说出自己真实的想法："我很生气，我真的很生气。我给你买了六件棒球衬衣，你不是放错了地方，就是丢了。你的衬衣应该放在你的抽屉里，这样，当你需要的时候，你就知道该到哪儿找到它们了。"

简的妈妈表达了她的愤怒，但是没有辱骂女儿。她后来说道："我一次也没有提过去的牢骚，没有翻旧账，我也没有提到我女儿的名字，我没有说她是没有条理的人，也没有说她不负责任。我只是描述了我的心情，以及以后该怎么做才能避免不愉快。"

简的妈妈的话帮助简自己想出了一个解决办法。她马上跑到朋友家里以及体育馆的衣帽间去找放错了地方的衬衣。

在对孩子的教育中，父母的愤怒也可以起到一定作用。事实上，在某些时刻，不生气并不会给孩子带来好处，反而给孩子一种漠不关心的感觉，因为那些关心孩子的人很难做到一直不生气。不过这并不说明孩子能经受得住愤怒和暴力，只是说明孩子们能够理解这样的愤怒："我的忍耐是有限度的。"

对于父母来说，愤怒是一种代价很高的情感，为了物有所值，没有益处的话，还是不要随便发怒的好。发怒不应该招来更多话，药物不应该比疾病更糟糕。怒气应该以某种方式表达出来，这种方式应该能够使父母得到一定的解脱和轻松，给孩子一些启示，对任何一方都不应该有副作用。因此，我们不应该在孩子的朋友面前痛责孩子，这只能让他们的行为变本加厉，从而让我们怒火更盛。我们并不想引起或者延长愤怒、违抗、还击和报复。相反，我们希望孩子能够理解我们的观点，让阴云消散。

心理专家认为，青少年的愤怒情绪大多数是由于沟通不畅造成的。许多时候我们感觉与自己直接产生矛盾的人沟通有困难，于是就不再沟通，而采取别的渠道泄愤。但真正成熟和有勇气的做法，是在产生愤怒的地方解决愤怒，青少年要尽量找机会心平气和地表达自己的意见。这样尝试后，我们会发现，其实许多愤怒是沟通不畅导致的。

心理专家说，愤怒就像是压力锅中的蒸汽，发散不出来就会不停地郁积，直至爆炸。因此，消除愤怒、缓解压抑情绪是对身心健康十分重要的事情。一般情况下，让愤怒情绪发泄出来是较为有效的方法，而最可取的是"降温法"。

愤怒犹如火山爆发。愤怒的人会变得毫无宽恕能力，甚至不可理喻，思想尽是围绕着报复打转，根本不去想会有什么后果。自己的愤怒不仅使家人、朋友远离你，同时也使自己陷入进退两难的境地。让愤怒之火自行消灭，关键还在于自己进行自我心理调节。

如何处理愤怒呢?

1. 深呼吸。

2. 用暗示、转移注意法。

3. 压抑怒火。这是给自己创造思考的时间。但愤怒情绪是不能压抑的，必须疏导，让怒火慢慢并有节制地释放。

4. 宣泄。当然，在不伤害别人的情况下，你可以通过做某件事情，适当地发泄积在心中的怒气。

5. 独处。这样你的坏情绪影响不到别人，也能让怒火冷却下来。

6. 给自己深思的时间。

# 五、你是否知道自己在孩子心中是什么形象

许多家长往往缺乏自律意识，他们在从严要求孩子的同时，缺乏对自己的严格要求，甚至禁止孩子做的，却是他们自己所喜好的。禁止孩子吸烟，自己却当着孩子的面吸烟；禁止孩子赌博，自己却当着孩子的面赌博……父母是孩子的第一任老师，父母的言行举止时刻影响着孩子，孩子也时刻在模仿父母。孩子的思想品德素质正处于形成时期，可塑性强，孩子和父母生活在一起，耳濡目染，父母的一言一行都起着潜移默化的教育作用，对孩子的影响非常深刻。正如教育家马卡连柯所说："你怎样穿衣服，怎样和别人谈话，怎样谈论其他人，你怎样表现欢欣和不快，怎样对待朋友和仇敌，怎样笑，怎样读报——所有这些，对儿童都有很大的意义。"

# 父母是孩子的第一老师

孩子的健康成长，尤其是孩子健康心灵的形成，往往取决于孩子是否有一个良好的家庭环境，取决于父母的教养方式是否合理。为了让孩子能健康成长，父母一定要给孩子创造一个良好的环境。

有这样一个故事：

有一年京城举行大考，一位秀才带着他近期将临盆的妻子前往京城应考，这样既不耽误考试，还可以照顾妻子。

谁知一路的奔波动了胎气，妻子在路上阵痛起来。秀才只好带妻子住进了一家酒馆，更巧的是，酒馆老板的妻子也正要生产。秀才看到这种情景心里踏实了许多，现成的接生婆正好顺道帮妻子接生，免去了许多麻烦。

当天晚上，秀才的妻子和酒馆老板的老婆先后产下两个儿子，母子皆平安。两个男婴算来竟是同年同月同日同一时辰生下的。两家人都非常高兴，这也算得上有缘了。秀才考完后，又在酒馆住了三年多，每日教两个孩子习字、作画，两个孩子都很聪明，这让秀才越看越爱。后来由于家乡有事，秀才才告别酒店老板和妻儿一起回乡。

一转眼，16年过去了，秀才和酒馆老板的儿子都长大了，秀才的儿子没有辜负父亲的期望，考上了状元。老秀才高兴之余，想起酒馆老板的儿子与自己儿子的生辰八字相同，想来也有个锦绣前程吧。

回想当年酒馆老板收容妻子临盆之恩，秀才便准备了礼物，专程去拜访酒馆老板。等到了酒馆老板家，只见老板坐在门口吸着旱烟，秀才将礼物呈上，并问起了他的儿子。酒馆老板指了指门内，说道："喏，在干活呢！"

秀才顺着酒馆老板的指引，看到屋内有一个年轻人正站在柜台内给客人打酒呢！"是他，这可奇怪了。按命理说来，你儿子和我儿子生辰时刻相同，八字也一样，理应此时也该求取个功名才是，怎么会……"秀才满脸诧异。

酒馆老板大笑："什么功名，这小子从小跟着我卖酒、招呼客人，大字不识几个，拿什么去考功名啊！"

从这个故事里，我们就可以清楚地看到家庭环境对孩子成长的影响。两个同年同月同日生的孩子，在聪明程度上也不分上下，可是秀才的儿子考上了状元，酒馆老板的儿子却站在柜台前卖酒。因此教育学家认为，从某种程度上说，孩子的命运、成长方向往往取决于他的家庭环境。

家庭环境主要包括家庭的经济条件和父母的文化程度、思想道德水平、行为方式、生活习惯等。其中，经济条件如果不是入不敷出，生活难以为继的话，对孩子教育的影响关系不大，而父母的文化程度、思想道德水平、行为方式、生活习惯等则对孩子的影响非常重要。

事实上，好的家庭环境也并非指富有的父母，而是指父母关爱孩子，正直有品位，与孩子有良好的互动，这才是最适合孩子生长的家庭环境。

父母要想孩子健康成长，首先就要让孩子有个健康的成长环境，有个值得效仿的榜样。那么怎样才能做到这一点呢？

1. 夫妻相敬相爱

夫妻应该相敬互爱，而且要公开地让孩子们看到这种深厚感情。比如，父亲在生活中多照顾妻子，逢年过节向他们的母亲赠送礼物，出门时给她写信等。如果一个孩子了解他的父母是相亲相爱的话，父母就无须更多地向他解释什么是友爱和亲善了。父母的真实情感流入了孩子的心田，从而有益于他在将来的各种关系中发现真挚的感情。

2. 夫妇共同教育孩子

教育孩子是父母共同的责任，但在大多数情况下，在家务和养育孩子方面妻子要比丈夫付出的多，这样做是不好的，一个良好的家庭里，丈夫应该自觉地帮助妻子，这样不但会赢得孩子的尊敬，而且会使夫妻有更多的时间和精力抚养教育孩子，帮助妻子就是对孩子的爱。

3. 身教重于言传

父母需要主动地将基本的价值观和行为方式示范给孩子，以便于孩子在社会上成长。当然，身教胜于言传。当我们把垃圾放入垃圾箱里，孩子也会这样做；而如果我们随处乱丢的话，孩子也会乱丢杂物。如果我们待人接物彬彬有礼，助人为乐，处世豁达，我们的孩子也就有可能成为这样的人。孩子在潜移默化地模仿着我们，因此我们需要使自己成为好的榜样。

孩子从他的家庭环境中可以学到许多东西，家庭就是孩子的整个世界，因此，父母们要注意身教重于言教，给孩子创造好的环境，这样孩子的心灵才能健全。

# 孩子是父母的一面镜子

如果你希望孩子品行优秀，那么就以身作则，给孩子一个良好的示范。事实证明，以身作则比给孩子讲道理要有效得多。因为没有判断力的孩子很难理解你的长篇大论，但却会积极模仿你的行为。

有一天，一个年轻的妈妈去接七岁的儿子放学。在公共汽车上，一个身材魁梧的胡子青年莽撞地挤进了车厢，妈妈被他撞到了一边。

儿子马上冲过去拉住妈妈，并关切地问："妈妈，你没事吧？"同时，他恼怒地看了那位青年一眼，喊了一句："太可恨了！你怎么这么无礼？"

年轻的妈妈连忙喝止儿子，说道："可不能这么说，这位叔叔不是故意的。"这时，那位青年也不好意思地连连向她道歉。儿子听到这些，惭愧地低下了头。

过了几天，妈妈来到学校，准备接儿子回家，结果发现儿子走路姿势很不自然，挽起他的裤子一看，膝盖破了一块皮，血还在流呢。妈妈心疼极了，赶快找来一些纱布，将他的伤口包好，然后就去问老师是怎么回事。老师也很奇怪，因为她既没有看到他来报告，也没有听到他哭过。仔细一问才知道，原来他是课间时被同学碰倒摔伤的。

妈妈不解地问："为什么不告诉老师呢？"

他笑着说道："妈妈，小朋友不是有意弄伤我的呀！为这事，他已

经深感不安了，如果我再去告诉老师，他会更加自责的。”

妈妈听了非常高兴，她摸着儿子的头说：“好孩子，你已经学会了谅解别人。”

年幼的孩子缺少辨别是非的能力，他们总是无意识地模仿父母的行为。父母是孩子的领路人，父母的言行举止无论好坏都会被孩子不自觉地效仿。好的行为被效仿，当然很好，但坏的习惯被效仿了，改变起来是很难的。因此，父母的言行举止一定要起到表率作用，这样才不至于把孩子引向歧途。

这位年轻的妈妈就给她的儿子做出了一个很好的榜样，因为她在孩子面前做出了谅解别人的示范，所以当儿子碰到类似的情况时，他也注意体谅别人，和妈妈一样地明白事理。

因此，生活中我们不妨多运用样板计来教育孩子，当孩子行为出现偏差时，父母就要给孩子一个好的示范，帮孩子纠正不当行为。

小磊是个八岁的孩子，在家里深得父母的宠爱。不过妈妈虽然宠爱他，却从不娇惯他。有一天，妈妈去接小磊时，听老师说孩子在学校表现得有点自私，总是只顾自己，不管别人，更不喜欢帮助同学。这让妈妈很忧虑，她决心好好教育孩子。

小磊家住在一座家属楼里，同楼层住着好几户人家，他们共用着楼道、厕所和厨房，因此打扫这些地方的卫生成了大家分内的事。从那天起妈妈经常主动地打扫楼道、厨房、厕所的卫生，还特意买了刷子、纸篓等东西，毫无怨言。

有一天，小磊又看见妈妈在打扫那些地方的卫生，就对她说：“妈妈，您真傻。自己掏钱买刷子、纸篓，让大家公用，还经常倒纸篓、扫楼道。这些别人都没干，您为什么那么积极呢？”妈妈趁机教育儿子说：“为大家服务是应该的！”小磊没再说话，可表情还是有些不服气。

有一天晚上，小磊待在家里写作业，写着写着钢笔没有墨水了。他在家里找了一会儿，发现墨水已经用完了。此时天色已晚，商店早就关门了，怎么办呢？作业还没写完呢。小磊焦急地望着妈妈，妈妈也感到无可奈何。正好住在隔壁的许阿姨来串门，知道小磊要用墨水，就立刻说："墨水用完了吗？哦，不要着急，我家有。"说完，她赶忙走了出去，不一会儿，她拿来了一瓶墨水，笑着对他们说："这墨水你们先用着，等我们要用的时候再来拿。"于是，她放下那瓶墨水就走了。妈妈和小磊连忙道谢。

妈妈认为这是教育小磊的好机会，于是她故意对小磊说："这个许阿姨真是太傻了，将墨水送给了别人，她能够得到什么好处呢？"听了妈妈的话，小磊愣住了，似乎一下子明白了一个道理，忙说："妈妈，阿姨是好人，这叫互相帮助。"

妈妈见小磊渐渐明白了其中的道理，非常高兴，又乘机说："小磊，你说得对，许阿姨身体不是很好，而且工作忙，每天早出晚归，非常辛苦；李阿姨家有个三岁的孩子，每天都忙得不可开交；赵奶奶年纪大了，儿女都在外边，没人照顾。远亲不如近邻，谁家有难处，我们应该伸出援助之手，尽量帮助他，而不能在一些小事上计较太多。"

听了妈妈的话，小磊惭愧地低下了头，红着脸说："妈妈，我错了，以前太自私了，请您原谅。我以后一定要多帮助同学，决不让您失望。"

从那以后，小磊真的变了，经常帮大家做一些力所能及的事。

小磊的妈妈教育孩子就很有一套，当她意识到孩子的行为有偏差后，并没有严词责怪，也没有简单地教训孩子，而是以身作则，用自己的行动去影响孩子、教育孩子，给孩子树立正确的榜样，这样既简单又有效地纠正了孩子的错误。

俗话说："喊破嗓子，不如做个样子。"这完全可以用来比喻父母对孩子的身教。在这个世界上，孩子通过模仿而学习，他们的第一个模仿对象正是父母。孩子是父母的一面镜子，每位父母都可以从孩子身上看到自己的影子。因此，家长要求孩子相信的，自己必须相信；要求孩子做到的，自己必须身体力行；要求孩子全面发展，自己先要活到老，学到老；要求孩子少年早立志，自己的人生不能没有奋斗目标。我们很难想象，一位终日喝酒、打牌、"筑方城"的父亲，或一位每天把大量时间花在穿戴打扮、逛商场上的母亲能给孩子做出勤奋学习的榜样；我们也很难想象，一对连自己父母都不愿赡养的爹妈能教会孩子关心和爱；我们同样很难想象，整天琢磨怎样占人便宜的父母能培养出孩子健全的社会属性……为了孩子检点自己的言行，为了孩子提高自身的修养，为了孩子以更加积极的态度对待生活，为了孩子努力去拓展自己有价值的人生，让孩子在自己身边学会做人，父母必须先修正自身，给孩子一个良好的榜样。

## 孩子正在看着你呢

孩子往往缺少辨别是非的能力，他们总是在无意识地模仿父母的行为，无论是好的还是坏的。因此，为人父母者一定要注意自己的一言一行，因为孩子正看着你呢。如果你希望孩子成为一个品德高尚的人，那就为他做出一个表率吧！

秋收的时候，一个心术不正的人，打算悄悄跑到别人家的田地中偷一些豆子。“如果我从每块田中偷一点儿，谁也不会察觉到。”他心想，“但是如果是这样的话，加起来数目可就非常可观了。”于是，一天晚上，他就带着六岁的儿子去偷豆子。

到了一块田里后，他压低声音说道：“孩子，你得给爸爸站岗，如果有人来就赶快告诉我。”

然后这人就手脚麻利地开始偷豆子。不一会儿，就听到儿子喊道：“爸爸，有人看到你了！”

这人一听，吓了一大跳，马上紧张地向四周看了看，但是一个人也没有看到，于是他把偷来的豆子放进袋子里，走进了第二块豆地。

没想到刚偷了一会儿，儿子又大声喊道：“爸爸，有人看到你了！”

这人又一次停下手中的活，向四周望了一下，但还是什么人也没有看到。于是他又低头干起来。

“爸爸，有人看到你了！”儿子又叫了起来。

这人停止收割，向四下看去，可是仍然连一个人影都没有看到。他十分生气，责问儿子：“你为什么总是说有人看到我了？你太调皮了，不帮忙还捣乱。”

“爸爸，”那孩子委屈地说，“我不是人吗？我看到你了呀！”

不要认为自己是自己，孩子是孩子，其实，孩子是父母的影子，在实施家庭教育的同时，家长要让孩子自信乐观，自己就要自信乐观，父母要让孩子诚实，自己就要诚实，如此才能真正做到以身作则。

家长们往往很难意识到自己才是孩子最重要的榜样。一项针对幼儿的心理调查显示，53% 的孩子有自己模仿认同的对象，而其中 78% 的孩子以自己父母为认同的偶像。看到这里，不知各位家长心里有什么感受呢？请记住，如果你希望孩子具备为人称道的品质，那么就要先规范自己的言行，为孩子树立可资仿效的榜样。

父母是孩子最初的模仿对象，家庭是孩子的第一课堂，父母是孩子的第一任老师。孩子从父母那里学会的行为习惯和处世态度，对其一生的发展将产生极大的影响。父母的品质、人格，对孩子有潜移默化的影响作用，会影响孩子今后的成长。如果父母的行为榜样出现了偏差，孩子的思想行为就会出现偏差。而这种偏差将会使孩子养成坏习惯，从而也使他失去社会性人格的发展机会。

父母是孩子的第一任老师，一言一行都会成为孩子行为的参考和示范。因此家长们要规范自己的言行，不断提醒自己：孩子正看着我呢！

# 让孩子以你为荣

在一个家庭之中，如果说男孩的成长是从模仿父亲开始的话，那么，女孩最容易模仿的对象就是母亲。父母的人生观、价值观，待人接物的方式，举止风度，都将给孩子留下深刻的印象，当他们成年以后，父母的影响就会在他们身上开花结果。

赵小兰随同家人来到美国一年后，入境随俗，也想举办一次自己的生日派对。她跟妈妈讲了这个愿望。妈妈表示完全赞成，并亲手做了奶油蛋糕，准备了生日蜡烛和晚会帽子，希望自己的女儿能同美国孩子一样，热热闹闹地做一次接受别人祝贺的小女主人公。

许多邀请请柬发出去了，赵小兰期盼着客人们的到来。不料，生日派对那天晚上，望眼欲穿，只有两个同学来了，赵小兰的心情跌到了谷底，眼泪都快掉下来了。

妈妈不动声色，照样举办生日派对，照样切蛋糕，照样唱生日快乐歌。

母爱并不是一个模式的，赵小兰的母亲爱女儿，用自己的言行，向没有成熟的孩子灌输了处变不惊、不卑不亢、自尊自重的生活方式。母亲让孩子爱惜自己，尊重自己，保持尊严，让孩子保持自己的价值观，知道要为更美好的事物奋斗。因此，面对其他人时，孩子不会示弱，要自重，言行得体，不做让自己感到难堪的事情。好的父母会让孩子清楚地懂得，我们来自一个有教养的家庭，要仪态端庄，举止正确。

孩子是否以自己的父母为荣，父母身上是否有足够的精神营养供孩子汲取，这些都是重要问题。那些以父母为荣的孩子，更容易建立起较高水平的自尊，并对自己产生较高的自我预期。

对于家长说，教养儿女的过程，也是一个自我教育的过程，孩子模仿父母，我们不能禁止孩子们模仿，相反，我们应该让自己值得模仿，哪怕是我们行为中最微不足道的细节。

小吴是一位很有才华的女性，在一家广告公司做文案工作，她有一个五岁的小女儿，一家三口，生活得很幸福。大学时代的自由生活，使她养成了不拘小节的习惯。说话直接尖刻，从不顾及别人的面子，在日常生活中，不按时吃饭、通宵熬夜的事儿也时常发生。先生提醒过她多次，可小吴当时答应得挺好，一转身就又忘记了，继续我行我素。

在女儿上幼儿园大班时发生的一件小事，使小吴彻底改变了自己。

在一次家长会上，老师告诉小吴："你的女儿很可爱，非常聪明，老师教什么东西她差不多都是第一个学会。但是她和小朋友们相处时不太合作，昨天一个小朋友要和她一起玩拼图，她竟然说‘这不是笨人玩的游戏，你醒醒吧’。”小吴惊出了一身冷汗，天啊，这不是自己的口头禅吗？先生提醒过多次，可自己就是改不了。女儿这么小就目中无人，长大后不在社会上碰壁才怪，等她性格定型之后，再矫正肯定是事倍功半，看来从现在开始，就应该注意要在对女儿的教育上下功夫了。

小吴知道女儿的一些小毛病，都是从自己身上学来的，要教导女儿，首先自己要改过。否则，不光影响自己的个人形象，还将影响到女儿的一生。

从此以后，只要女儿在身边，小吴就格外注意自己的言行举止，说话轻声细语，对先生和女儿坚持“多称赞，不挖苦”，每天吃过晚饭后，一家人在小区周围散会儿步，回家看看电视，看看书，安排女儿睡觉后，自己也按时休息。一开始时，小吴总是有意识地控制自己，但时间长了，自然形成新的习惯，不仅仅是做给女儿看了。单位里新来的大学生，还总是赞叹“吴姐做人宽容体贴”呢！更重要的是，女儿在上小学的时候，不知不觉地，已经变成了一个文静可爱、乐于助人的小姑娘，有规律的作息生活，更给了她一个健康的身体。

孩子模仿父母，最初并不会鉴别分辨。父母希望孩子学的，他会模仿；担心他学的，他照样会模仿。这时候，父母仅仅是在口头上禁止是没有效果的，自己都做不到的事，如何还能要求孩子做到？我国著名的教育家朱庆澜先生曾经明确指出：“无论是什么教育，教育人要将自身做个样子给孩子看，不能以为只凭一张口，随便说个道理，孩子就会相信。”如果希望自己的孩子品学兼优，首先，爸爸妈妈要做出表率来。

# 以真实的自己感化孩子

父母是孩子的第一任老师，也是孩子最亲近的人，父母对孩子的影响是非常巨大的。不过，父母却常抱怨很难和孩子沟通，其实不是孩子难沟通，而是父母的要求是不公平的：他们要求了解孩子的内心世界，但却不愿意向孩子敞开自己的心扉。教育学家认为，如果父母能够多向孩子袒露真实的自己，那么孩子一定会被父母打动，实现良好的亲子沟通。

一些父母在与孩子交流时会说：“你到底怎么想的？你为什么要这样做？”或者干脆说：“不要那样做，听我的不会错！”事实上，父母们这类的说教往往不能让孩子接受，他们会想：“你们高高在上，只懂得对我说教，你根本就不理解我！”父母们应该明白，这种单向的交流，单向的沟通是不够的，父母们也应当向孩子敞开心扉，让孩子知道你的所想所感，只有这些真挚的东西才能教育孩子，让孩子乐于接受。

想要感化孩子，就要让孩子看到你真实的一面，因此父母们不妨试试以下两招：

1. 把你的喜怒哀乐表现出来

一些父母总是习惯在孩子面前藏起自己的情绪，其实这样做反而会和孩子产生距离感，如果父母能把真实的自己呈现给孩子，那么，孩子一定会更愿意接受你的教导。

孩子遇到烦恼、失败与挫折，或者与父母发生矛盾时，父母不妨利用这个机会，坦诚地将自己的喜、怒、哀、乐种种情绪倾诉出来。

有一个孩子读书不用功，甚至连作业也不愿做，妈妈无论责备或鼓励，都是徒劳。孩子总是将妈妈的话当作耳边风，每日放学回家，不是躺在床上睡觉，便是玩游戏机。

一天，妈妈又是苦口婆心地劝孩子专心做作业，孩子仍然是一边做，一边玩。妈妈看见孩子爱理不理的态度，愈劝愈气愤，愈想愈伤心，不禁掉下眼泪，无奈地对孩子说："是妈妈不好，妈妈没有用，妈妈以后不会再向你唠唠叨叨的了。"然后默默地返回自己的房间。

想不到孩子听到妈妈这番发自内心的话后，反而感动起来，走到妈妈的房间，摇着妈妈的手说：

"妈妈不要再哭了，我错了，我以后会很用功地读书，不会再令妈妈伤心了。"

有时用这种表现内心难过的真挚态度教诲孩子，比说教或责骂会来得更有效。

和孩子交心，就得让他知道，孩子的喜怒哀乐也就是父母的喜怒哀乐，这一点在亲子沟通中是不容忽视的。

2. 跟孩子谈谈自己的经历

父母不必刻意呈现最好的一面，也可以将自己失败和挫折的经历向孩子坦言相告：自己曾有过什么抱负、梦想与目标，曾经因为自己所犯的错误而付出过多少代价，怎样由许多失败、痛苦，而累积到经验，终于走向成功的道路，等等，这一切的一切都可以向孩子尽情倾诉。

有一位父亲，幼年时代家境清贫，最后凭自己的努力完成了大学课程，成为一个出色的医生，他这样告诉孩子有关自己的奋斗史：

“爸爸中学毕业后没有机会再继续读高中，只有一边工作，一边自学，有时假日和晚上的睡眠时间也要用来温习书本。爸爸还要储备一笔生活费给家里人，然后辞去工作，专心应付考试，最后才读上了大学。”

孩子很专注地听了父亲的经历，并从中受到了深深的触动。

总之，沟通应该是相互的，不要以为把自己的见解和要求说给孩子就是沟通，你还应该让孩子更多地了解你。

向孩子敞开心扉，多谈谈自己的梦想、成功和失败，这样做不会降低你身为父母的威严，只会让孩子更尊敬你，更爱戴你。

## 以反省自己来感化孩子

当孩子的行为出现了差错时，父母们最常做的是责备孩子，严厉地管教孩子。然而事实证明，这样做的教育效果并不好，有的孩子被父母责骂过后，能在短时间内收敛一下自己的行为，而一些孩子根本就不在乎父母的责骂，把父母的说教都当成了耳边风。因此父母们不妨换个教育方法，对孩子动之以情，不要一味指责孩子，也要反省反省自己，这样反而会打动孩子。

小东又挨骂了，因为他考试没及格，不敢让爸爸签名，于是就自己模仿爸爸的笔迹，伪造了签名，不过没有瞒过老师，被发现了。爸爸气极了，足足骂了小东半个多小时，小东垂着头一言不发地听着，最后连连向爸爸保证："爸爸，我错了！我一定改。"看着小东一脸的悔悟，爸爸叹了口气，这孩子已经不是第一次这样向他保证了。

生活中，有许多父母为纠正孩子的缺点，总是先情绪激昂没完没了地责备孩子。有的父母最初怕"不骂就不知悔改"而责备，后来因"打不听，骂不灵"而苦恼，最后又认为"不可救药"而放弃不管了。

有的父母认为：处于逆反期的孩子，难以对付。其实人本来就没有什么逆反期，但因孩子具有旺盛的生命力，若不给予正确引导，就会以"逆反"的形式表现出来。因此说，"逆反期"不是自然形成的，而是由父母方面培植起来的。

如果父母总责骂孩子，任何孩子都会产生反抗心理。正如能力法则所认为的那样，若给孩子以反复的刺激，就会使孩子逐渐形成"逆反"的能力。这就像是常用一种药物，人体就会迅速产生抗药性，不久这种药就会对病毒完全不起作用。同样，对孩子越是一味地责备，其反抗心理就越强，最终父母还是以屈服于孩子而告终。

既然如此，何不换一种方法教育孩子呢？教育学家建议父母尝试一下感化计，以情动之。比如，在孩子犯错误时，不要只责备孩子，而是多反省一下自己，这样才能让孩子自我醒悟，达到教育的目的。

克里斯 18 岁了，刚拿到驾照。

一天早上，父亲要克里斯开车送他到离家较远的市区去办事。克里斯非常高兴地答应了，因为他不但可以开车，正好还可以转一圈。

他开车把父亲送到目的地，约定下午两点半再来接父亲，然后就去看摇滚演唱会了。等最后一首歌唱完的时候，已经是下午四点了。这时，他才想起与父亲的约定！

当克里斯把车开到预先约定的地点时，看见父亲正孤独地站在路口。克里斯心里暗想，如果父亲知道自己因为看演唱会而不守信用，一定会非常生气。

克里斯低着头走了过去，先是向父亲道歉，然后撒谎说，他也想早点过来，但是车的引擎出了一点儿毛病，需要修理，维修站的工人们花了一个多小时的时间才修好。

听完儿子的话，父亲看了他一眼，说："克里斯，你觉得有必要对我撒谎吗？"

"什么？不！我说的都是实话。"克里斯争辩道。

父亲再一次看了看儿子，"当你在约定的时间没有到来时，我就给维修站打了电话，他们告诉我你没有去。所以，你的车子根本就没有出毛病。"听了父亲的话，克里斯羞得满脸通红，他低着头向父亲承认了看演唱会的事实。父亲认真地听着，脸色变得更加难看。"我现在不是生你的气，而是生我自己的气。我觉得自己很失败，因为我养了一个说谎的儿子。我现在要从这里走回去，好好反省一下我这些年来做的错事。"

克里斯的道歉并没有使父亲改变主意。

父亲开始沿着尘土飞扬的道路行走，克里斯迅速地跳上车跟在父亲后面。克里斯一路上都在忏悔，告诉父亲他是多么难过和抱歉，但父亲只顾着走路，根本就不理他。

17 英里的路程，克里斯以每小时三英里的速度一直跟着父亲。

17 英里的路程里，看着父亲遭受肉体和情感上的双重折磨，这是克里斯生命中最难忘的一次经历。然而，它同样是生命中最成功的一次教育。自此以后，克里斯再也没有对父亲说过谎。

克里斯对父亲撒了谎，父亲是完全有理由狠狠地责骂他一顿的，可父亲却没有那样做，但他反省自己的行为，要比一万句责骂更有效。克里斯被感化了，因为这次经历，他一辈子都不会再对父亲撒谎。

在劝导孩子时，我们常用的方法就是晓之以理，那么何不试试动之以情呢？冗长的说教只会让孩子产生“听觉疲劳”，不如以真情实感打动孩子、感化孩子，这样孩子才能真正地痛改前非。

当孩子做错事时，心里会有歉疚感，如果父母这时不责怪孩子而是反省自己，那么孩子一定会真正认识到错误，并改掉自己的坏习惯。

## 潜移默化中塑造孩子的人格

孔子曾说过：“其身正，不令而行，其身不正，虽令不从。”把这种观点应用到儿童教育中就是，要想塑造孩子的人格，父母就先要严谨自律，通过自己的良言善行熏陶孩子，这样父母根本不必向孩子说教，孩子自然就品行优良了。

有这样一个故事：

有一位父亲年纪大了，身体极其虚弱，生活难以自理。于是，就搬去与儿子、儿媳及五岁的小孙子同住。由于中风留下的后遗症，老人的手经常不由自主地颤抖，步履蹒跚。

刚开始，全家人坐在同一张桌子上用餐。可是很快地，儿子、儿媳就发现上了年纪的老父亲颤抖着的手与衰弱的目力使他无法顺利进餐。比方说，米饭会经常从父亲拿着的汤匙上抖落下来；当他握着杯子时，牛奶会泼到桌布上。儿子、儿媳终于忍不住了，开始对老人白眼相加，有一天，儿子甚至因为老人弄翻饭碗而呵斥老人。

没过多久，夫妇俩就在墙角设置了一张小饭桌。在那个角落，父亲一人孤独地吃着饭，家中其他成员则在另一边享受着美食。再后来，当父亲打破了两个碟子后，他的食物就被盛在一个木碗里面——饭和菜被拌在一起。有时，当家人偶尔朝那边瞥一眼时，他们会发现，老人的眼里含着泪。他显得那么地孤独和无奈。然而，这对夫妇所能够给予老人的唯一话语仍旧是，警告他不要弄翻食物。

这一切，五岁的孩子都默默地看在眼里，记在心里。一天，晚饭前，孩子在地板上用小刀削小木块。父亲看见了，觉得好奇，就走过去，柔声问道："你在做什么呀？"也许是被父亲特别的语调所感染，孩子回答道："哦，我在做木碗，等我长大以后好拿来给你们用。"五岁的孩子说完了，仍旧微笑着削他的小木块。

父母一下子呆在了那里，一句话也说不出来，眼泪大滴大滴地从面颊上滚落。虽然都没有说什么，他们却都知道了该怎么做。那晚，丈夫小心地扶着老父亲的手，将他带到饭桌上，从此后，无论是丈夫还是妻子，都没有再在意诸如菜掉到桌上、牛奶泼出来，或者桌布被玷污了之类的事了。

父母的所作所为在很多方面对孩子有着潜移默化的影响，父母的价值观念和处世原则往往会通过自己的行为根植于孩子的心中，成为孩子将来人生态度中的一部分。因此家长如果想塑造孩子的人格，就必须先以自己的人格感召孩子，让孩子在长期的耳濡目染中，受到熏陶，获得好的影响。

要熏陶孩子，家长先要严格要求自己。比如父母要求孩子学习，自己却不看书，说一套做一套；如果父母教育孩子要爱学习，讲道德，守纪律，求上进，自己却不学无术，成日沉溺于"方城"之中，即使再苦口婆心，孩子也很难接受。

# 父母教育孩子时立场要一致

在许多家庭里，夫妻之间常在孩子的教育上不知所措或产生矛盾。夫妻双方对孩子的教育有不同的看法、想法，甚至矛盾，这原不是什么了不起的大事，而是自然现象。如同对一个事情，不同的人可有不同的看法一样，不足为怪。因此夫妻双方发生分歧时，不必彼此抱怨，可以通过讨论、协商达到共识。但是，在爸爸和妈妈有了分歧后，有一点值得特别注意的，那就是这种分歧和矛盾不要暴露在孩子面前。

事实上，不少父母在教育孩子时正是在这个节骨眼儿上犯了错误。譬如，妈妈在教育或责备时，爸爸站出来替儿子说话；或者是在爸爸责备儿子时，妈妈站出来替儿子鸣不平。这样的例子在生活中比比皆是。譬如：

孩子吃了晚饭坐在电视机前不肯起身，妈妈便催促孩子去做功课："不要再看电视了，该去做功课了。做完了好睡觉。"孩子不起身："我看完再去！"妈妈坚持说："看完这个节目，就很晚了，还能做什么功课！快去，听话！"儿子正在犹豫，这时，爸爸却在一旁调和："让他看完算了！"儿子当然也就不起身了。结果功课也就不要做了。

在花钱上也常出现这种不一致的现象。孩子跟妈妈要钱买新运动鞋，妈妈认为旧的没有破，可以穿，不必买，因而不给钱。孩子又去找爸爸，爸爸经不起他的纠缠便给了。这是两个常见的例子，夫妻虽然没有争吵，但是给孩子的不良影响却是一样的。这使爸爸（或妈妈）在孩子的心目中没有了威信，孩子有了依仗，可以不听爸爸（或妈妈）的话，助长了孩子的任性和娇气。而且，这样会使得孩子无所适从，更重要的是助长了孩子不听话的表现。因为既然爸爸认为妈妈责备的不对，或者反过来，妈妈认为爸爸的责备是不对的，那么孩子当然可以不必听了，因而孩子的错误或不良习惯也就得不到纠正，而且会对父母的意见和责备都置若罔闻。

所以在教育孩子时，爸爸一定要与妈妈达成一致，任何一方在教育孩子时，另一方都不应该出面袒护，即使爸爸或妈妈责备的不对，也不要当着孩子的面纠正，甚至是争吵。这样既会损害对方在孩子心目中的威信，使对方日后无法再对孩子进行教育，也会伤害母子或父子感情。

那么在具体问题上出现不同的看法，爸爸（或妈妈）应该怎样处理呢？正确的方法应该是在夫妻一方责备孩子之后，在孩子不在面前的时候，另一方再提出自己的看法，与前者讨论，以取得一致的看法，避免日后重蹈覆辙。

## 父母之间的矛盾别当着孩子面解决

父母是孩子的第一任老师，有的父母总是嫌弃自己的孩子脾气很暴躁或者是无法跟同龄的孩子友好相处，而有的孩子从上学开始就不断地跟其他的小朋友发生矛盾，其实这些都和父母是分不开的。孩子的性格形成很大一部分原因是由于受到了来自父母的影响，如果父母之间总是产生矛盾，而不管孩子在不在场，那么，最终孩子的情绪和性格必然会产生不良的发展趋势。

夫妻吵架过程中，往往会在激烈的争吵中丧失理智，许多刻薄的话、粗话乃至脏话也难免会脱口而出，有的夫妻甚至还会大打出手。要知道孩子的模仿能力是非常强的，父母吵架时的神态、姿势、语气语调、用语，他们都有可能学到，也很可能会予以实践。日后孩子在参加游戏的时候，很可能会对着小汽车破口大骂，或者是对同龄的小朋友说粗话、脏话。

妈妈们或许会对爸爸们有这样的抱怨："你儿子的脾气怎么跟你一样啊，都这么暴躁，动不动就发脾气，跟幼儿园的小朋友也没法好好相处，动不动就打架，真不知道这孩子到底是怎么形成这种性格的。"而爸爸们也会抱怨说道："你看你儿子怎么动不动就哭，跟小闺女儿似的，一点男孩的样子都没有。"其实，妈妈们抱怨孩子脾气暴躁的问题，是跟大人们平时的性格有关系的。比如说，在看到大人们吵架之后，孩子就容易形成这种性格。更为重要的是，在孩子看到父母吵架的时候，往往会产生一种畏惧和恐惧的感觉，这种感觉会让孩子感受不到安全感。于是，在生活中，孩子在遇到一些具有威胁性的事情时，自然就会哭泣，这完全是因为内心比较恐慌和害怕的结果。

其实，孩子的性格形成与父母自然的行为是分不开的。当孩子看到爸爸总是冲着妈妈大嚷，他们的内心可能会产生恐惧和紧张，在以后看到同样的事情，比如说看到大街上两个人大嚷的时候，也会产生恐慌的心情。久而久之，孩子内心往往会缺乏安全感。因此，父母之间存在的矛盾再尖锐，也不要在孩子面前大吵大闹，更不要在孩子面前动手。

苏亚下班后，匆匆忙忙地去接了儿子回家。在回家的路上，她顺路买了菜，回家之后，赶快放下书包，照顾儿子喝水，然后让儿子写作业，自己则开始在房间里忙碌，一会儿要看看儿子的功课，一会儿去厨房看看饭菜。好不容易饭做好了，她还要给儿子洗衣服，忙活了大半天了，还是不见丈夫回家。她打电话给丈夫，但是手机却打通了没人接。

丈夫是搞销售的，平日里要见客户，她心想丈夫一定又在忙着工作，虽然心里很生气，但是也没办法。已经七点多了，儿子叫嚷着饿，苏亚便先和儿子一起吃饭了。当两个人快吃完饭的时候，门铃响了，打开门是丈夫回来了。他一脸的疲惫，苏亚还在为刚才没打通电话的事情不高兴，见丈夫回来了，也没说话，只是开了门，回到座位上继续陪儿子吃饭。丈夫看到苏亚没有等自己，竟然已经开始吃饭了，心里也很不痛快。

此时，他坐下也开始吃饭，两个人各吃各的，都不说话。苏亚心想自己忙活了半天，回来之后又要接孩子，又要做饭，为什么丈夫不能够帮自己做点呢，哪怕按点回家看着孩子也行啊。而丈夫此时也憋不住了，生气地说道："我在外面这么累，你连吃饭也不等着我。"苏亚听了心里更是不舒服，说道："我给你打电话也打不通，你看看你手机我打了几次？""你还说打电话呢，当时我正和一个重要的客户在一起，电话不停地响，差点影响到我谈业务。"丈夫显然生气了，苏亚根本不管那么多继续说道："我给你打电话还打错了啊，你想想你一个星期关心过儿子几次，你接过儿子几次，你工作忙，难道我闲着了吗？"

显然两个人说话的声音越来越大，丈夫不甘示弱："我这么忙是为了什么啊，难道我是为了让别人好过点啊，我还不是为了多赚点钱，让你们母子好过点啊。"苏亚更是生气，说道："那你赚到钱了吗？工资不还是那么多，天天就知道见客户、喝酒吃饭……"

苏亚和丈夫开始了吵架，在一旁的儿子吓得连饭都不敢再吃了。第二天苏亚送孩子去学校，晚上接孩子的时候，老师告诉苏亚说："你儿子今天一天心不在焉，中午午睡的时候还做梦吓哭了，问他怎么了，他就是不说。你们家是不是发生了什么事情影响到孩子了。"当老师说了这些之后，苏亚才回想起来，可能是昨天和丈夫吵架的事情，吓到了孩子。

孩子就是孩子，他们的内心要比大人的内心脆弱得多。父母可能在吵完架两个小时的时间就能平息自己的情绪，但是孩子的内心十分敏感和脆弱，或许父母的吵架会给孩子造成长时间的心理阴影和障碍。争吵会在无意间伤害到孩子的内心，就如同苏亚和丈夫因为一点小事情吵架之后，直接影响的是孩子的情绪，孩子在上学的时候表现出恐惧，内心容易受到惊吓，这无疑就是父母吵架的后遗症。作为父母，应该时刻考虑到自己的行为会影响到孩子的内心，如果是已经产生了不良影响，那么就应该及时地去弥补和想出对策，缓解孩子的恐慌和紧张。

心理学研究者认为，父母是孩子最好的榜样，孩子天生具有模仿力。家庭中，夫妻意见不统一，甚至发生争吵都是十分正常的，但是切忌当着孩子的面发生争吵。当着孩子的面吵架，不仅会对孩子的情绪和个性产生危害性的影响，更会让孩子产生模仿的心态，这对孩子以后的人生观会产生很不利的影响。总之，父母尽量避免在孩子面前争执，如果偶尔出现了争执，那么一定要注意到孩子的情绪，给予及时的安慰和开解。

# 六、让孩子热爱学习，你用对方法了吗

所有的父母都希望自己的孩子学习好。那么，要想孩子学习好，家长应当怎么办？在中国，很多家长对孩子学习的关注只是停留在询问孩子有没有写作业，在学校的表现等方面，换而言之，中国家长往往是只知道要孩子去学习，却又不知道如何教孩子学习。显而易见，这并不能真正起到关心孩子学习的作用。成功家长的经验是：不要只盯着孩子的分数、名次，而要“授之以渔”，在教会孩子学习上下功夫。只有这样，孩子才能愿意学习，学得进去，学得轻松。

# 不能只叫学，不教学

很多家长都有这样的苦恼：孩子在其他方面表现得都不错，就是不好好学习，成绩总也上不去。有些家长则干脆责骂孩子：“你这个笨蛋！”然后便采取种种强制手段，强迫孩子好好学习，但是，这样就能够快速提高他们的学习成绩吗？当然不能。其实许多家长往往在孩子的学习方面走入了误区：

1. 只叫学，不教学

误区中最严重的一项就是，家长们只知道叫孩子去学习，却忽略了教他们学会更有效的学习方法。在一项教育调研中，有 60% 接受调查的学生都反映，家长只是一味地让自己做题，但很少教自己如何有效地掌握知识。一些孩子甚至反映，家长每天都坐在身边看着自己学习，其实大可不必如此。

2. 题做越多越好

另一个较严重的学习误区是，很多家长仍认为，题做得越多成绩就会越好。教育学家则表示，其实做题的关键在于精而不在多。以数学、科学等课程为例，一个知识点一般选择不同角度的 5 ～ 8 道题即可，不能一味贪多。

3. 学习时间越久越好

此外，不能合理安排孩子的学习与休息时间，也是家长们在孩子学习方面的一个误区。不少家长要每天看到孩子坐在学习桌前才觉得放心，但事实上，长时间的学习并得不到休息，反而会让孩子不能集中精神。一般而言，在周末，孩子的学习时间每天保持五小时左右即可，其余时间应留给孩子做他们自己喜欢做的事情，这样才能帮助其保持精力及学习兴趣。

事实上，想要孩子学习好，最关键的是孩子要“学会学习”，这不能光靠老师，家长的作用也非常大。

孩子的学习兴趣，往往是从一个问题、一门课程逐步扩展的。只有在孩子对学习有兴趣的情况下，家长才有可能乘势引导孩子树立学习观念，有了学习观念，这时再引导孩子养成学习的习惯便可水到渠成了。反之，倘若没有“学习兴趣—学习意识—学习习惯”这样一个循序渐进的引导过程，家长一开始就直接要求孩子自觉学习，这显然是难以奏效的。

总之，孩子的学习涉及的内容实在太多。但仅从家庭教育规律来说，有一句话是一定要强调的，这就是：想要孩子好好学习，家长更要天天向上。

## 引导孩子自主学习

培养孩子的学习能力，是培养孩子的重要环节之一。当今的社会，是知识和信息不断更新的社会，是一个每天都会有很多变化的社会，不善于紧跟社会学习的人，将被社会所抛弃。孩子是未来社会的主人，不善于学习的孩子，在未来竞争日益激烈的社会环境中，更是无法生

存。所以，培养优秀的孩子，就一定要培养他们的学习能力。

家长们可以回想一下，古往今来，凡是事业有成的人是不是都是善于学习并勤于学习的？

战国时期的名将田单，成名前是一位资历浅、爵位低、名气微的小官吏。但是，他酷爱并善于学习兵法，所以在日后燕兵伐齐的战争中，才能以奇计制胜燕兵，成为齐国军事家的后起之秀。

西汉的名相陈平，出生在一个贫苦的家庭，很小的时候便与哥哥相依为命。为了秉承父命，光耀门庭，他的哥哥不让他从事生产，只让他留在家里闭门专心读书。他不辜负哥哥的期望，也不计较嫂子的刁难，学习勤勉，而且得法，在当地传为美谈。

陈平勤奋学习的事情，感动了一位老者，老者慕名而来，免费教学。从此，陈平学习得更用功了。由于他善于学习，能够尽数消化老师所教，所以在日后辅佐刘邦的时候，才能够数出良策，几出奇谋，帮助刘邦争得天下。

家长们培养孩子学习，就得让孩子学会自学，因为善于学习的人，最大的优点就是自学。

每个孩子的天资大抵是一样的，只是因为后天的学习，给予了他们飞翔的翅膀，才使他们遨游在了碧蓝的天空，那么爸爸妈妈们也给孩子一双善于学习的翅膀吧！

培养孩子的学习习惯，家长们应注意以下几点：

1. 切忌说教，注重一点一滴的养成

有的家长认为，要求孩子好好学习必须经常讲很多道理，其实不是这样的。家庭教育要注重潜移默化。孩子良好的学习习惯依靠一次次地重复以成自然。浓厚的学习兴趣依靠一点一滴培养起来，令人乏味的说教会破坏适宜学习的气氛。所以，家长要学会说短话，保持正常的家庭气氛，让孩子感到平和、宁静、有安全感。

2. 切忌“轰轰烈烈”，注重循序渐进

由于对孩子寄予很大希望，家长们容易制订过多的教育计划，抓紧一切机会和空闲让孩子学这学那，把家庭教育弄得轰轰烈烈，气势很大。其实，这是没有必要的。孩子的学习长达几年、十几年的时间，轰轰烈烈的气氛会破坏正常的学习进程，往往欲速而不达。所以，家长在制订教育计划的时候，一定要根据孩子的情况循序渐进，量力而行。春风化雨远胜过有头无尾的轰轰烈烈。

3. 切忌严厉，注重营造宽松气氛

严厉的气氛并不适宜大脑思考，学习是大脑的活动，大脑如果处于恐惧和惊惶之中，是不可能出现积极状态的。有的家长在孩子做作业时，守在一旁，孩子稍稍做错一点，就厉声训斥，甚至一耳光打过去。这种紧张气氛使孩子恐惧，大脑的思考被严重抑制、扰乱，从而严重妨碍孩子的学习。

4. 切忌支配，注重让孩子自主学习

爸爸妈妈要让孩子养成自主学习的好习惯，而不是每天放学回家，什么时候做作业，什么时候玩，一切的一切都得听从父母安排。这种绝对支配和被支配的气氛，对孩子的学习是不利的。比如一年级孩子刚上学，回家肯定要问家长：“爸爸（妈妈），现在做什么？”“爸爸（妈妈），我现在可以玩吗？”这时，家长要指导孩子学会自己安排学习和玩耍的时间。家长可以说：“你能自己安排好吗？不会的爸爸（妈妈）帮你。”这样可以培养孩子的主动性，让他学着自己安排学习。

# 兴趣是最好的老师

学习是一件非常辛苦的事，也是一件需要持久坚持的事，所以人们常说学贵有恒，也因此荀子写下了“骐骥一跃，不能十步；驽马十驾，功在不舍”的传世名言。事实上，即便生来再聪慧的孩子，如果中断学习，他先前的才华，也只能是昙花一现，他也只能平庸地终老一生。

然而，让孩子耐下心来学习，还真是一件麻烦事，因为孩子的好奇心比较重，见什么喜欢什么，见什么想学什么，但是常常不能持久，所以培养孩子持之以恒的学习习惯，可以从他们的兴趣爱好做起。

一位小朋友和爸爸去叔叔家做客，发现叔叔家的钢琴挺好玩，于是就要学钢琴。爸爸针对他以前学画画时耐性不够的缺点，一开始并没有答应他，只是常带他去看别的孩子弹琴，让他感受练琴时的辛苦和枯燥，让他知道练琴所需要的耐性和坚持。

除了这些，爸爸还给他讲了好多名人持之以恒而取得成功的事例，并且告诉他如果想和钢琴家一样弹出优美动听的旋律就得付出努力。

接下来爸爸告诉他，如果要学就要坚持不懈，不能遇到困难就退缩。这位小朋友经过考虑，答应了。为了防止他半途而废，这位爸爸首先以身作则，每次都坚持同他一起去学习，每晚都要在旁边鼓励他，遇到有难度的曲子时，还和他一起练习，和他比赛，看谁能先学会。

如学到四手联弹时，爸爸就和他比谁的音阶和节奏最准，比谁的手形最好看。在学歌曲时，就让他自弹自唱，每次还为他评分，让他有种演奏家的满足感。

就这样自始至终，这位小朋友对钢琴都怀着极浓厚的兴趣，每周到老师家里学琴都很积极，每次都迫不及待地要求老师检查功课。正如老师所讲，这位小朋友是她所教学生中对钢琴最有兴趣、完成功课最好且一直能坚持下去的一个。

培养孩子持之以恒的学习习惯，可以激起他们学习的兴趣，让他们在兴趣中坚持，因为兴趣是最好的老师。

培养孩子持之以恒的学习习惯，家长们应该注意以下几点：

1. 让孩子正确地对待学习中的挫折和困难

学习过程中难免会有挫折，一次考试的失利抑或一道难题，都是成功的绊脚石。告诉孩子学习是需要打持久战的，不可轻言放弃。

2. 让孩子在学习中戒骄戒躁

要孩子明白学习若骄傲自满，不能持之以恒，就会永远徘徊在成功的门外。只要在学习中排除一切不良的情绪，不被一时的冲动或成功冲昏了头，成功将会永远属于自己。

3. 让孩子在学习中体验快乐

不少孩子在学习中不能持之以恒，就是因为感觉学习太枯燥了。所以，爸爸妈妈应该想办法让孩子感受到学习是快乐的。

4. 让孩子对学习产生兴趣

兴趣是最好的老师，如果孩子对学习没有兴趣，一般都很难学下去，所以培养孩子的学习兴趣，是孩子学习持之以恒的重要因素。

所谓“学贵有恒”，胜不骄，败不馁，家长陪孩子坚持下去，那么你教育的成功，孩子将来的成功都不会太远。

# 寓教于乐，让孩子在玩中长知识

有厌学情绪的孩子，通常会把学习当作一件苦差事，甚至当成一种惩罚，如果家长们能够顺着孩子的脾气慢慢疏导，让孩子把学习当成一件快乐的事情，那么结果就会大不一样。教育专家认为，父母引导孩子将学习游戏化，就是非常有效的方法。

九岁的木木是个很聪明的孩子，可就是对学习毫无兴趣，旷课、逃学都是家常便饭，打不听，骂不灵，父母、老师拿他毫无办法。有一天，木木独自一个人在院子里玩耍，他从杂物箱中翻出了两小块磁铁，他将其中一块放在地上，一块握在手里，地上的那块磁铁一会儿被手中的磁铁推着走，一会儿又紧紧吸在一起。这时父亲走了过来："木木，你知道磁铁的奇妙之处吗？""有什么不知道的，"木木撇了撇嘴，"我用正面对着那块，那块磁铁就会被推着走，我把手中的磁铁转过来，它们就又会吸在一起！"爸爸笑了："你呀，还没弄明白呢！磁铁分为正极和负极，而且'同极相斥，异极相吸！'利用这个道理还可以发电呢！""真的吗？"木木惊喜地问，"那我的这块是正极还是负极？为什么正极和负极就要吸在一起？"爸爸耐心地给木木讲了一下午，并陪他做了很多试验。当木木知道这都是物理学中的知识后，兴奋地告诉爸爸自己以后要做个物理学家。

在游戏中学习，在学习中游戏，这是一种很适合孩子的教育方法，对激发孩子的兴趣和求知欲大有好处。那么，怎样才能把学习游戏化呢?

1. 玩一些开发智力的猜谜游戏

爸爸妈妈可以试着把孩子要掌握的知识编排到游戏中去，比如说游戏填空、成语接龙等。或者把知识编进谜语，让孩子猜，猜对了给予奖励，等等。在考试之前，爸爸还可以和孩子一起猜一猜“明天考试会出什么题呢?”孩子为了能够猜中，很可能就会扩大复习范围，提高复习的效率。从孩子的心理来讲，如果这次体会到乐趣，以后就会主动去猜题。孩子们渐渐地就会萌发好胜心，取得的效果也就更加明显。而且，讨论有没有猜中的过程，其实也起到了复习功课的作用。简单的猜谜游戏，却能够引导孩子走上爱学习的道路。

2. 老游戏有新用

有很多人对于汉字和诗词的记忆都是得益于小时候玩的汉字卡片。甚至于成年之后，仍然能够听到上句，下句脱口而出。

如果只是背诵汉字、诗歌，当然不会留下如此深刻持久的印象。因为得益于游戏，才会很自然地刻在头脑中。

对于那些不喜欢背汉字的孩子，就可以把读音和笔画写下来，做成汉字卡片。另外，用扑克牌玩“24 点”等计算游戏，也是在学习算术。

3. 在找错游戏中培养孩子学习的兴趣

在家长会上经常有父母提到自己家的孩子不读书、不看报，令人担忧。然而，这些不读书、不看报的孩子也对报纸上的找错游戏很感兴趣。这种找错游戏不仅登载在大人杂志上，在那些面向儿童的报纸、杂志上也几乎都毫无例外地登载着。这就证明，不仅大人们喜欢这种找错游戏，孩子们也很欢迎。而且，令人吃惊的是大人们需要一天才能解答的问题，孩子们时常当场就能找到答案。这大概是因为孩子们

充满了好奇心，所以特别热衷于这种找错游戏。

家长们千万不要错过这个利用孩子好奇心的好机会。比如说，和孩子一起做习题集的时候，可以故意把答案说错几处。当发现这些错误的时候，孩子一定都很兴奋。如果孩子能够带着这种找错的热情把一本习题集从头到尾反复阅读的话，就会想做更多的习题集。

4. 拼图游戏寓教于乐

著名的教育学家蒙台梭利把世界地图做成拼图游戏，把这种方法当作激发孩子学习兴趣的第一步。孩子对拼图游戏天生有一种好奇，即使那些从来不看地图的孩子听说是拼图游戏，也都聚精会神地把打散的地图拼凑起来。那种情景无论是谁看到都会感到很惊讶。孩子们都喜欢游戏，特别是拼图游戏在世界范围内都大受欢迎，经久不衰。日本自古以来就有的“嵌绘”就属于这类拼图游戏。可见这种拼图游戏从古至今都是受欢迎的。

比如说，让一个对地理毫无兴趣的孩子来做本国地图的拼图游戏。虽然他对本国地图本身是不感兴趣的，但是他却会被游戏吸引。而且，孩子们都是完美主义者，即使有一块拼图没有拼装上去也会不高兴。当他完成整个拼图的时候，本国地图的全貌一定已经深深地刻在他的脑海中了。

5. 利用新颖的文具增加学习的乐趣

要想把游戏的因素引入到学习当中，当然要考虑到道具的问题。学习的道具是文具，游戏的道具是玩具。要想把学习变成游戏，就要选择玩具化的文具，或者文具化的玩具。现在市面上已经有很多类似的文具出售。比如，动物形状的带香味的橡皮、可以发声的图画书、结构复杂的文具盒、昆虫形状的订书机等各种各样的文具，数不胜数。这些生动有趣的文具，多少都会对孩子们的学习起到促进的作用。

6. 让孩子跟自己玩个竞争游戏

孩子总是争强好胜的，在做题的时候，让孩子把自己当对手，爸爸妈妈为他记录一下半个小时做了多少道题，再让他不断挑战自己的纪录，如果挑战成功的话就给孩子一些奖励。这样一来，孩子的学习热情就会被调动起来，学习的效率也会大大提高。

在学习中添加游戏的因素，可以改变学习在孩子心中的印象，让学习变得生动有趣，不过要注意，这是一个渐进式的过程，爸爸妈妈们一定要多点耐心才行。

## 让孩子在竞争中爱上学习

每个小孩都想成为第一，他们什么都争第一，在学校学习争第一，放了学看谁跑得快，等等。

假如在生活中，一个人事事尽心尽力，从来不用别人提醒自己，就可以把事情做得很好。那么这个人具有很好的竞争意识。同样小孩子也是一样，要自己主动去学习。积极参加一些跟自己同龄人在一起的活动，这样不光能增加知识，还能促进自己的竞争意识。

俗话说得好："温室里长不出参天松，庭院里练不出千里马。"道理大家都懂，但真的要实施起来却不容易啊。现在的小孩子都生长在温室里，任何事都有父母给参谋。比如，学校组织了某项活动，还得回家问问家长，家长让参加就参加，完全处于被动状态，没有一点主动的态度。这样下去，不光不利于他们的学习，还会让他们形成做事不主动的坏习惯。

面对没有好胜心的孩子时，家长一定要有足够的耐心。培养他们自己做主的好习惯，可以告诉他们，对于自己想要的东西、喜欢的活动一定要去争取和参加，最后的成绩是次要的，只要参加就很不错了。在维护自己的利益时，尽可能地不要去伤害别人，不然将会被判出局。

琪琪从小就要强，基本上不让父母为自己担心，由于父母的特殊教育方法，形成了事事求上进、积极学习的良好态度。在琪琪上幼儿园大班时，她就是班里最积极的小朋友，园里有什么活动她都要参加。随着年龄的增长，琪琪就不再满足只是简单地参加活动了，她要做最好的，学习要好，比赛要拿第一。这也给她以后的成长带来了有利的条件。

有一天，爸爸来到琪琪的房间，琪琪正在认真地写作业。从小琪琪就是回到家就做作业，不用爸爸的监督，给家里省了不少心。“宝贝女儿，写作业哪，快写完没？”爸爸说。琪琪：“写完了。爸爸你有事吗？”爸爸又说：“咱俩聊聊天吧，琪琪长大了，也比以前懂事了。现在学校的功课也多了，你感觉累不累？最近爸爸事情多，对你的学习和生活管得少了，你自己不要放松了，自己管好自己，好吧？”琪琪走到爸爸身边说：“爸爸，你放心，我会管好自己的，我一定不能落在别人后面，我要在班里永远是第一。我这次考试双科都是第一，下次还会是我的。爸爸你就放心吧，我会管好自己的。”“琪琪真是个好孩子，琪琪你这么做是对的，即使没有爸爸管，也要好好学习。天不早了，你早点睡觉吧。”“嗯，好的，爸爸晚安！”

第二天，琪琪很早就起床了。爸爸看到了就问女儿：“琪琪，今天是周末，你怎么不多睡会儿呢？”“我想出去跑跑步，我们学校下周要开运动会，我报了长跑比赛，我得锻炼锻炼。”爸爸看到女儿如此积极，心里别提有多高兴了，于是决定跟女儿一起去跑步。父女一块儿出门跑步去了。跑了一会儿后，琪琪对爸爸说：“爸爸，咱俩比赛吧，看谁坚持的时间长。”爸爸说：“好啊，难得宝贝女儿要跟爸爸比赛。”

说着两人一起喊开始，父女俩就开始了比赛。两人你争我赶的，谁也不让谁。毕竟爸爸年龄大，又好久没运动，不一会儿，就坚持不下去，停了下来。琪琪早跑得没影了。

爸爸沿着马路向前慢慢走着，隐隐看到一个人向自己这个方向跑来，仔细一看是琪琪。“爸爸，你太慢了。”父女俩边聊天边往家走。突然琪琪问爸爸：“爸爸，你觉得长跑有什么特点吗？”爸爸反问道：“你觉得呢？”“我认为，长跑不光速度要稳，还要能坚持，如果坚持不下来肯定不会赢的。嗯，就是这个，我一定要赢。”琪琪说。看着这样优秀的孩子，爸爸非常地开心，父女俩肩并肩向家走去。

终于到运动会的这一天，学校里到处都是彩旗，学校很重视学生体育的锻炼。在一群啦啦队演出后，运动会比赛项目一一开始。琪琪走到长跑区，准备开始。半小时以后，琪琪又一次出现在跑道上，向着前方的红色条幅跑来，越来越近。第一属于琪琪了。广播员播报：“长跑第一名是某某班的琪琪同学，祝贺她。”

从小琪琪就信心十足，做事认真仔细，任何事她都抢着去做，是学校的优秀三好学生，她更是令父母骄傲的孩子，这也归功于爸爸的教导。在琪琪小的时候，爸爸就经常告诉琪琪：“琪琪，什么事都要尽可能地自己去完成，要好好学习，学习好了才有好的未来，你要比爸爸还要好。只要你积极主动学习，踏踏实实的，什么事都不难。你还小，有的是时间，只要不浪费时间就可以。”这些话时常激励着琪琪，所以琪琪就养成了积极主动的学习态度。

琪琪爸爸的做法很好，他注意培养孩子的良好学习习惯。有一个好的学习习惯，那么孩子的人生也就成功了一半。好的习惯会使孩子在一个快乐的环境中学习，使他的学习效率更高。因此，家长们应该让孩子主动去学习，给他们制造一些快乐的环境。小孩子不喜欢乏味枯燥的环境。比如，一些学习乐器的小孩子，他们是觉得好玩才去学，觉得弹出来的音乐非常动听，一旦学起来，尤其是前期的指法学习，特别枯燥，一弹就是半小时以上，他们受不了就放弃了，而家长也不忍心孩子受罪就干脆不学了。这样是错误的，这样容易让孩子一遇到困难就打退堂鼓，永远没有积极克服困难的精神，最终可能会一事无成，所以请家长们狠心时则狠心，培养孩子主动竞争学习的习惯。

那么，爸爸妈妈要怎样培养孩子的竞争意识呢？

1. 多多与“当事人”沟通

大人不上班的时候，可以多和孩子玩玩游戏，最好是带有一些竞争性质的游戏，这样在游戏中就能不知不觉地培养小孩的竞争意识，而且是非常省力的。孩子的各项能力都有限，具体的一些事情他们理解不了。爸爸妈妈可以用通俗的语言解释给他们听，但最后要他们来决定，这才能培养他们的主动性。

2. 要把握合适的度，形成正确的竞争意识

有些人一味地想要成功，想要成为人上人，有时难免会走些弯路。比如，两个小朋友同时喜欢同一个玩具，但是这个玩具只有一个，然而两个人不想放弃，你争我抢，你推我，我推你，一会儿两人就打起来了，最后两人都很不高兴。所以，大人要培养他们更好地去争，让他们知道什么样的可以竞争，又要遵循什么样的竞争规范才不至于伤害到对方，这也是很好的学习。

3. 细节可以打败一切，做事要认真踏实

提高做事质量，享受做事的过程。爸爸妈妈也是从孩童时期过来的，对孩子的内心相对比较了解，可以根据一些细节问题制定一个方案，和孩子共同来完成，避免使他们的积累过程过于简单。时刻记着提醒他们不要忽略了一些细小的东西，失败往往是某一细节出问题而造成的。帮助他们积累一定的经验，形成乐观向上的主动学习方式。

# 帮助孩子告别厌学情绪

生活中我们会发现，很多孩子厌学是因为成绩差。成绩差给孩子带来了很多压力，孩子会怀疑自己的智商，担心父母责骂自己，这会使他们越来越讨厌学习，并且产生不安感。对于这种情况，家长们来硬的是没有用的，越骂反而会越糟糕。只有悉心诱导，宽慰和鼓励孩子，才能带孩子走出低谷，让他们忘记学习的烦恼。

有个孩子平时学习很努力，上课认真听讲，积极完成作业，但是考试时，同桌很轻易地就考了第一，而自己才考了全班第 19 名。

回家后，他困惑地问爸爸："爸爸，我是不是个笨孩子啊？我觉得我和同桌一样听老师的话，一样认真地做作业，可是，为什么我总比他落后？"

爸爸明白，儿子的同桌给他造成了很大的压力。但是他不知道该怎样回答孩子的问题。

又一次考试后，孩子考了第 16 名，而他的同桌还是第一名。回家后，儿子又问了同样的问题。爸爸觉得很苦恼，因为他不想说一些话来应付孩子，比如，你太贪玩了；你在学习上还不够勤奋；你和别人比起来还不够努力……因为他知道，像儿子这样脑袋不够聪明，在班上成绩不甚突出，却一直在默默努力的孩子，平时活得已经够辛苦的了。然而这个孩子却一天天消沉起来，他在学习时总是心不在焉，老师甚至反映说，孩子曾几次逃课。眼看孩子的厌学倾向越来越明显，爸爸决心为儿子的问题找一个完美的答案。

周末，爸爸带着儿子一起去看海，就是在这次旅行中，这位父亲解决了儿子的烦恼。

爸爸和儿子坐在沙滩上，海边停满了争食的水鸟儿，当海浪打来的时候，小水鸟总是能迅速地起飞，它们拍打两三下翅膀就升入了天空；而海鸥总显得非常笨拙，它们从沙滩飞入天空总要很长时间，然而，爸爸告诉儿子，真正能飞越大海、横过大洋的却是这些笨拙的海鸥。

爸爸又说，同样，真正能够取得成就的人，不一定是天资聪颖的孩子；而一直努力不断的孩子，即使天资不好，也一定能获得成功。

从那以后，这个孩子再也不为自己不如同桌而厌学了，也再没有人追问他小学时成绩排第几名，因为他已经以全市第一名的成绩考入了北京大学。

生活中，很多成绩差的孩子并不是不努力的孩子，因此不要看到孩子成绩糟糕，就对孩子横加指责。这样做不但对提高孩子成绩毫无助益，甚至还会起到反效果。在家长的指责声中，孩子就会认为“我是个笨蛋，怎样也不会成为父母期望的样子的”。于是他们就会陷入成绩怪圈：越考越差，越差越讨厌学习。

在这里，我们总结出几个帮助成绩差的孩子告别厌学情绪的方法，家长们不妨试一下。

1. 用小小的成功帮孩子建立信心

明明读小学二年级，他不是个特别聪明的孩子，反应速度不够快，数学就是他最差的科目。别的小朋友可以轻松回答的问题，明明总要想上半天，因此明明越来越讨厌数学，在家里一让他做题他就说头痛。这让明明的父母也很烦恼，后来，爸爸想出了个主意：他找了几道简单的四则运算，从单位回来后告诉明明，这是二年级数学竞赛的题目，想让明明做做看。明明皱着眉头拿起笔，意外的是，20分钟后自己竟成功地做出了六道题。爸爸高兴极了，他大声地告诉明明：“你太棒了！简直是个天才，你怎么说不喜欢数学呢！看这几道题解得多好啊！”“真的吗？”明明激动得小脸发红，他第一次觉得数学其实是很可爱的。

明明的爸爸灵活地诱导，激发出了孩子学习的兴趣，这难道不值得我们借鉴吗？心理学家认为，经常有意识地安排一些比较简单的题目让因成绩较差而厌学的孩子做，并及时给予褒奖、赞美，那么孩子的自信心自然容易建立，厌学的情绪必定也会得到改变。

2. 鼓励孩子重新振作精神

天天垂着头回到家里，这一次又考砸了，看来一顿责骂是免不了了。爸爸接过试卷正要发火，来做客的舅舅却劝住了他。舅舅看了看试卷，温和地帮天天分析考试失利的原因，告诉他题目正确的解法，还鼓励天天说：“天天，考场是最公平的，只要你多用功，它就会给你回报！我家天天这么聪明，只要肯努力，进入你们班前三名肯定没问题呀！怎么样，努力给舅舅看看好不好？”天天开心极了，郑重地点了点头，那年期末考试，天天果然考了个第二名。

成绩差的孩子更需要家长的安慰和鼓励，爸爸妈妈们应适时地帮助孩子从失败和挫折中总结教训，在哪里跌倒就从哪里爬起来。这样才能使孩子重建信心，振作精神。

3. 给孩子找个榜样

琳琳是个可爱的小女孩，爱唱歌、爱跳舞，可就是讨厌学习，老是这样怎么行呢？父母为此很发愁，后来她的父母通过与老师沟通，最终想了个办法：把她和班上的学习班长小西调到了同桌位置上。这下好了，琳琳这回可有时间向她请教学习技巧了。好在小西也是个热心肠，很乐于当这个小老师。慢慢地，琳琳对学习感觉也不再那么恐惧了，感到原来学习也这么有趣。终于，一次考试，琳琳考了个史无前例的第五名。琳琳在看到成绩时禁不住抱着小西欢呼起来："我终于考进前五名了。"从此，琳琳和小西也由两个本无交往的同学变成了无话不谈、形影不离的好朋友。

榜样的力量是无穷的，如果你多鼓励孩子和成绩优秀的同学交朋友，从他们身上学习良好的方法和思路，时间一长，孩子自然就会受其影响，改变厌学的态度。如果这个同学碰巧是孩子喜欢的人，那就更好了，这样将对他的影响更大。

厌学的孩子最讨厌的就是父母强制自己学习，这样做只会使他们对学习厌烦，充满敌意，对提高学习成绩也不会有任何帮助。因此家长们要掌握孩子的心理，悉心诱导以激发孩子的学习兴趣和学习热情，一点点地提高孩子的学习成绩。

家长们应该明白，诱导、鼓励的力量远远大于批评和指责。在你要发火时不妨忍一忍，换一种方式，也许你会给孩子和你自己一个惊喜。

## 培养孩子的专注力

专注力是提高孩子学习成绩的重要秘诀，如果孩子学习经常开小差，总是三分钟的热度，他就不可能取得好的成绩。

有个非常聪明的小男孩，上小学三年级，可是做什么事情老是不专注、坐不住，学习上也是如此。

上课时，本来在好好地听课，可是当窗外的杨树叶被风吹得沙沙响时，他便扭头向窗外望去。自习课做作业，他时不时地想着下课，去和大家做游戏……

放学回家后，书包一扔，一下子扭着屁股，一下子跳上沙发……该做家庭作业了，谁知他又搬出一大堆的玩具来玩，还不时地捉弄一旁的弟弟……由于他学习没有专注力，成绩怎么也提不高。面对这样的孩子，爸爸妈妈伤透了脑筋。

专注力对于孩子的学习是非常重要的，专注力不强，学习质量难以保证。只有在学习中保持很好的专注力，孩子才能取得良好的学习成绩。所以，家长想要提高孩子的学习成绩，那么就要悉心培养孩子学习的专注力。

小明在课堂上注意力不集中，思想容易开小差。如老师讲课时，他的思路并没有跟着老师，而是想着头天晚上看过的动画片，想着下一节是体育课就可以打球；有时他坐在座位上发呆，连老师的提问都没听到；有时朝周围的同学做小动作，影响了别人的学习。老师的批评教育对他效果不大，便把这件事反映给了小明的爸爸。

小明爸爸收到老师的反馈信息后，在和小明的沟通中，发现小明上课之所以总是走神，是因为在作文竞赛中没有取得好的名次，而觉得自己不如人。他就这一情况有针对性地向小明讲了失败一次并不等于永远失败的道理，同时，还告诉小明要以平常心面对学习中的得失。另外，他还买来一些名人的传记给小明看，并告诉小明许多伟人、名人遭受过挫折，但他们能从挫折中很快地站起来。

在爸爸的正确引导下，小明终于走出了挫折的阴影，他上课再也没有走神，思想也不再开小差。由于学习时集中了注意力，经过一段时间后，小明的成绩有了明显提高。

造成孩子学习不能专注的原因有偶然性因素和经常性因素。比如，和同学们有了矛盾或身体不适等情况造成的上课状态不佳，属于偶然性因素。经常性因素则是由于孩子的注意力不集中造成的，如缺乏认真学习的态度、厌学情绪、对某一种事情不喜欢等。家长应根据具体情况，分析出孩子学习不能专注的原因，对症下药，及时帮助孩子改正缺点。

家长培养孩子的专注力，可以参考以下做法：

1. 视觉注意力训练

让孩子看一些照片或图片，并提出一些问题，比如给孩子看一张照片，让他说说照片里都有什么人，几个男的、几个女的、几个大人、几个小孩，他们每个人都在干什么等。让孩子观察的东西要不断地变换，不然他就会没有兴趣了。

2. 听觉注意力训练

给孩子讲故事，故事讲完之后要提问题让他回答。如果能够在讲故事之前就把要问他的问题提前告诉他，效果会更好。

3. 动作注意力训练

通过让孩子完成特定的动作来达到训练注意力的目的。比如教他做一些体操动作、舞蹈动作或一些游戏动作，都能达到这种效果。

4. 混合型注意力训练

实际上就是把眼睛看、耳朵听和动作结合起来，既训练了视觉、听觉，又训练了动作。这种训练难度大，可以边说边示范给孩子看，让孩子跟着做，比如说出一种行动，让孩子表演出来等。

# 多与孩子讨论问题，增加孩子的求知欲

学会与孩子共同讨论，是对子女的教育中一个重要方面。对孩子提出的问题，如果父母不能满足或不应满足时，不应粗鲁而简单地拒绝！反过来，父母提出的问题，孩子不同意，父母也不应简单地采用命令方式！否则就会削弱孩子的求知欲。

父母在带孩子上街或玩耍的时候，天真的孩子总会提出各式各样大人想不到的问题，这是因为整个外界世界对孩子来说都是陌生的。一切都会引起他们的好奇，也引起他们的求知欲。因此，即使有些问题会使父母一时为难，父母也应尽量满足。反之，如果一个小小的孩子对一切都漠然，倒是智商不高的表现，绝非好事。

当然，不可能所有的父母都对孩子所提的问题有所研究，但是“不厌其烦地讲解”的做法和态度，却是所有父母可以借鉴的。确实，孩子所提的一些知识问题，也常把我们做父母的难倒，但是不论怎样，不能给孩子的求知欲泼冷水，在自己不能很好解答时，也应向孩子指出可以再向谁求教，或以后阅读哪一类书籍，激起孩子向书本要知识的热情。绝不要认为孩子提了问题，自己作为父母答不出很难堪，于是对孩子发脾气：“只有你的问题多！你这么多问题为什么不问老师？你不知道我有我的事吗？”

“学问学问，边学边问”。学问和知识就是人在不断地探索中，在不断地提出问题和解决问题的过程中获得的。大人如此，孩子更是如此。区别只是大人在有的问题没有适当的人可以求教时，可以自己去看书，寻找答案。而孩子由于知识有限，没有这方面的能力，或者这方面能力较差，就更需要父母的帮助。

孩子有问题找父母，这正是孩子对父母信赖的表现。做父母的为了孩子的成长应尽一切努力来解答，孩子还没有查书寻找答案的能力，父母就应自己查书寻找答案。

孩子上学以后，可能有些问题在课堂上没有弄懂，或者对老师在课堂讲授的仍感到不满足，或者在做功课中遇到了困难，父母都应热情而耐心地予以帮助和解答，以满足孩子的求知欲，并激起孩子学习的热情。

反之，如果孩子的问题父母不予解答，而视作累赘，敷衍搪塞。孩子当然也就没有了提问题的兴趣。他何必自找没趣呢？同时，孩子在学习或做功课时遇到了难题，父母不能伸出援救之手，孩子的学习兴趣会下降，甚至完全丧失对学习的信心。所以，现在有些父母，或者由于自己工作过忙，或者由于自己知识的限制，无力帮助子女学习、解答子女学习中的问题，因而为子女延聘家庭教师，以弥补这方面的不足，不是不可取的。

然而，家庭教师只能是家庭教师，可以弥补父母的某些不足，例如精力不足或知识不足。但是，他不能代替父母，因此父母仍应多接近、关心自己的子女。

另外，孩子有时（尤其是稍大一点的孩子）会问起有关家庭亲戚之间的纠纷。有时父母很难回答，也不想回答。这时父母可以坦白地告诉孩子："这个问题不好回答，不能回答。"而不要说："小孩子不应知道这种事情！"以此封闭孩子的询问。因为孩子有了这种不愉快后，为免再次受到伤害，以后心中有疑问也不敢问了。这种事情发生多了，父母子女之间就会产生隔阂。

还有一类问题是父母常感到难以启齿的，那就是有关两性的问题。

现在的家庭中，通常都是一家大小围在电视机前消磨闲暇时光，当电视中出现有关性的镜头时，有些还不大懂事的孩子会提出一些问题。孩子出于好奇、不懂会问："妈妈，他们这是干什么？"父母则不好启齿，加上头脑中的一些封建意识，于是会不满地斥责："你这个孩子真是的！"或说："你还只是一个小孩子，怎么问这些事情！"

这样回答是对孩子不好的，因为它并没有说明问题，反而使孩子对性产生一种不正常的好奇心。最正确的方法是不让年纪很小的孩子看这种电视。如果已经看了，孩子已产生了好奇心，可以告诉他将来长大了，你就会懂得了。一句话：不必加以神秘化或丑化。对有些事情，能够说明的，在小孩能了解的范围讲一点就可以了，满足他一时的好奇心就是了。

孩子三四岁是最喜欢发问的时候，也是儿童智力发育的重要时期。到了小学低年级，孩子开始接触书本，求知欲和好奇心增加，于是常问父母："为什么？为什么应该变成这个样子？它是怎样变来的？"父母如果因一时答不出而斥责孩子，或因有事而嫌孩子烦就会扑灭和冷却孩子开始萌生的求知欲和日益增长的好奇心。如果这种情形反复出现，就会使孩子逐渐对一切不感兴趣，在学校里对新的功课也就不会产生什么强烈的兴趣了。尤其是当功课有一些难度的时候，更是心灰意冷。这个道理也很简单：我问你们，你们还嫌麻烦，我不问就是了。

这当然是极端错误的做法。

旺盛的求知欲是孩子聪明成才的先决条件。所以，父母应重视孩子的发问，并加以鼓励。

孩子的智力有限，理解力有限，因此对于孩子们的询问，不一定要解答得很详尽，但绝不可随便编个理由敷衍，更不可违背科学乱讲。有些问题一时实在无法回答，也应该耐心地讲清楚："你好好用功读书，将来你自己就会了解的。"因势利导地引导孩子的兴趣自然发展，这应该是父母在教育子女中的一项首要任务。

发明蒸汽机的瓦特，由于少年时期看见水壶盖被蒸汽所吹动，于是对蒸汽产生了兴趣，而不断研究，最后发明了蒸汽机。所以孩子好问，可以说是一种好事。

有的问题父母确实答不出来，也不妨坦白地向孩子承认："妈不知道。"或者说："妈也不清楚。将来我问清楚了，再告诉你。"这样做并不是什么丢人的丑事，因为一个人本来就不可能什么都清楚；同时也不应忌讳向孩子说明父母读的书不多，过去没有条件上大学，等等。更重要的是，这样做可以从小教育孩子对科学和学习应该采取老实的态度：知之为知之，不知为不知，让孩子从小养成一种实事求是的精神。

春天，父母常爱带孩子到公园去玩儿。看到初春盛开的桃花，母亲会指给孩子看："你看这桃花开得多好看！"这时，有的孩子就会好奇地问："桃花怎么会开呢？"这个问题，母亲还不难回答。她可以说："春天来了，桃花就开了。"然而什么是春天，为什么到了春天花儿就要开，孩子仍然是迷雾一团，于是孩子不免要问："为什么桃花要在春天开呢？"

孩子们这类天真的问题很多，有些确实还很难回答。这是由于许多大人们认为是理所当然的事情，孩子们却觉得新鲜稀奇。

"为什么"正是孩子们推想出来的问题，也是他们求知欲的表现。如果这时父母对他们的问题等闲视之，随随便便搪塞，就会抹杀孩子对周围事物的兴趣，扼杀孩子的求知欲。时间久了，孩子的推理思考能力也会逐渐降低。

相反，如果父母对孩子说："是呀，为什么桃花在春天就会开花呢？这个问题问得好。"然后向孩子耐心地解释并提出一些启发性的问题："春天的天气是不是暖和些了，冬天干枯的树叶现在没有了，天气一变暖，又长出了新的嫩叶，对吗？所以天气一变暖，花儿也就开了。"如果能够这样与孩子讨论，启发孩子思考，发表自己的看法，那么就会增强和提高孩子的求知欲，同时，也会增加母子之间的亲密关系。

要学会与孩子共同讨论，还有更为重要的一个方面，那就是对孩子提出的要求，我们不能满足或不应满足时，我们不应粗鲁而简单地拒绝："不行！不准你去！"或者我们父母提出要求，孩子不同意时，我们也不应简单地采用命令方式："这事妈已经决定了！"

具体地来说，九岁、十岁的孩子都喜欢到动物园去看动物。春天来了，孩子早就盼望着有一个节日，父母能带他们到动物园去玩儿。

比如一个风和日丽的星期天，孩子眼看左邻右舍一家一家地走了，于是嚷着说："妈，咱们也到动物园去玩儿吧！我要看河马。"母亲由于那天有事，而且身体也不大舒服，便简单地拒绝了。于是孩子哭了一上午，弄得一家人不痛快。

当时如果母亲能够体谅孩子的心情，心平气和地和孩子讲清楚自己的处境，与孩子商量、讨论，他们不难达成一项协议：下星期天到动物园去看河马。或者因为妈身体不太舒服，动物园太远了，到较近的公园去赏一赏花。

随着孩子年岁的增长，他们在喜好和兴趣，甚至交友诸方面看法都会与父母有分歧，这时父母对子女的一些喜爱与兴趣绝不能简单地禁止，而应在充分尊重的前提下与子女讨论，以求得共识或找出正确解决的途径。

有一位母亲就谈到了自己曾遇过的棘手问题。孩子上高中后交上了一个不大读书的朋友。俗话说：近朱者赤，近墨者黑。所以她不赞同孩子与那个同学常来往。

有一天，当孩子又要找那个同学去玩儿的时候，母亲拦住了他："你又要去找他玩呀？我不喜欢你同他有过多的接触。"

孩子不以为然地问道："为什么？他又不是什么坏人。"

确实，这个孩子并不是什么不三不四的坏人，只是不爱读书。母亲不能以此而禁止儿子与他交往。但她又担心交往的时间久了，孩子会受他的影响而失去上进心。因为学好千日不足，学坏一日有余。

于是她只得以商量的口气问道："你为什么喜欢同他来往呢？他有些什么优点？"

孩子由于没有感到什么压力，所以未多加思索便说："他为人很好啊，我喜欢和他聊天。"

这时，孩子母亲也就说出了自己的担心："他是个不坏的孩子，但是他有一个严重的缺点，不读书。而青少年时代正是你们应该发奋读书的时候，错过了这个黄金时期，就是你们一生中无法弥补的损失。你如果真心与他交朋友，你就应帮助他努力学习。你如果做不到这一点，你就必须与他保持一定的距离……"

经过这次谈话后，孩子才又把心收了回来，不再有时间就同那个孩子泡在一起胡聊了。

大人学会与孩子共同讨论既可以增加相互的理解，也可以避免家庭中一些无谓的争吵，更重要的是可以教会孩子在社会上怎样做人和与人共事。因为我们在日常生活和工作中，只要与人相处，分歧是不可免的。

# 七、亲子沟通，你做得足够好吗

与孩子相处时，一些家长往往不愿意放下架子又或是不懂得如何与孩子沟通，他们不能静下心来聆听孩子的心声，不能了解孩子内心的需求。他们不注意与孩子的沟通方式，却不管孩子能不能接受，按自己的方式去沟通。结果，这让孩子感到非常地反感，甚至拒绝与家长交流，如此一来，教育自然也就无法顺利进行。所以说，家长要想教育好孩子，必须懂得沟通的方法和技巧，如此才能建立良好的亲子关系。

# 学会理解、倾听，轻松跨越代沟

父母在与子女的相处中，要善于沟通，为了避免一些不必要的争吵，使家庭关系和睦，要记住这点：顺着孩子的意见和接受孩子的意见。父母施以爱心，随机应变地应用一些办法，就能处理好与子女的关系，赢得子女的尊敬和热爱。

很多孩子经常招惹父母生气。例如：他们把自己弄得脏兮兮的，屋里弄得凌乱不堪，从不整理；穿的衣服也叫人看了讨厌，一头乱发，不梳不理；用粗言粗语讲话，结交不三不四的朋友；看一些无益的书；甚至大口抽烟，吞云吐雾；和别人吵架；考试不及格，等等。

父母被这样的孩子气昏了头，对付他们是首先采用声色俱厉的方法。要是行不通，就改用和蔼可亲的感动方法。再行不通，则改用讲道理的方法，使用温和、真挚而有感情的言辞开导他们的宝贝孩子。一旦发觉这简直是对牛弹琴之后，就沉不住气了，于是开始挖苦他们，斥责他们，接着就是威吓和体罚。

可以肯定地说，这绝对是两败俱伤的管教方法。

被孩子气昏了头的情形下，怎样才能保持冷静？怎样才能有效地管教好青少年子女？父母的办法就是“以柔克刚”。

父母和子女最常出现的问题便是“代沟”。由于父母和子女所生长的背景以及教育程度不尽相同，因此，或多或少都会有些差距，既然差距不能避免，为何不去适应彼此的差距，喜欢这样的差距，然后接纳差距呢？

所以，当父母与青少年子女出现代沟时，应具备如下的看法：

1. 代沟不是坏事，反而代表一种进步，只有在进步的社会中才会有这种现象。

2. 青少年在这段时期应完成的使命便是“建立自我”、“完善自我”。所以，当子女和父母意见不同，表示他开始有一套自我的想法，只要有道理，父母都应该帮助他建立正确的价值观。

3. 或许子女现在的意见与父母不同，但不表示永远不相同，等到他成熟起来，或为人父母时，就会体会到你的苦心。

如果我们把“代沟”看成是一种良性的冲突，有助于亲子之间的了解，则不失为增进彼此关系的妙方。

我们接触过一些美国教师的家庭，他们父母子女间善于交流思想，讨论问题。这一点很值得国人学习。同时，我们深感父母应该多学会一些说理工作。

我们认为争执的原因就在于两代人之间缺少沟通，所以做孩子的知心朋友是对孩子发挥影响的首要条件。

一些父母认为，自己的孩子，自己生，自己养，每天生活在一起，还用了解吗？其实不然，孩子身上尤其是心灵上每天悄悄发生的变化，如果不精心对待的话，父母并不能了解。

这是父母与孩子的天然差距所决定的。

父母与孩子的差距首先是由心理发展水平引起的。由于儿童的感觉、知觉、思维等尚未发展成熟，他们对外界的感觉与成人是不同的。比如同样是看故事书《鲁西西的故事》，当鲁西西趴在床上哭时，成人看到“鲁西西受了委屈，很难过”，但一个四岁孩子“看到”的却是“鲁西西不是好孩子，她穿鞋上床”。

有关儿童心理学的书籍里有充分的理论根据说明，成人与儿童的心理发展水平有多大的差距。

其次，两代人的知识差距、生活经验的差距以及对新技术的适应能力的差距等都有可能造成代际隔阂。

作为父母，你也许会无奈地发现，自己在孩子面前的权威性下降了，孩子“人不大，心不小”，样子还挺张狂。这是今天许多父母都碰到的难题。退回几十年前，父母对孩子几乎有绝对的权威性。他们喜欢说：“我过的桥比你走的路都多。”

在今天，你敢说比孩子知道得多吗？信息化社会动摇了长辈的权威地位。情况不仅仅如此，计算机时代是成人与孩子同步进入的，而孩子往往比大人掌握得更快，知道得更多，至少在这个领域父母开始失去自己的权威。

至于说到孩子的张狂，假如你的孩子在10~20岁之间，完全是正常现象。10~20岁是国际学术界认定的青春期。

心理学家发现，孩子在十岁之前是对父母的崇拜期，20岁之前是对父母的轻视期，30岁之前又对父母变为理解期，40岁之前则是对父母的深爱期，直到50岁真正了解自己的父母。

因此，10~20岁之间是代际冲突最为激烈的时期。从儿童期进入青春期的少年阶段，孩子最重要的心理现象是“自我意识”的强化。他们渴望独立又屡屡失败，常以苛刻甚至挑衅的目光审视父母和社会。但是，代际冲突具有不可估量的积极意义，它是社会前进的基本形式之一。

当然，父母的权威主要来自人格的魅力，而不是知识。不过，如何对待新知识和新信息，尤其是如何对待走向新世纪的下一代，往往成为两代人能否和谐相处的关键。当你不接纳下一代时，两代人关系极容易雪上加霜，而当你接纳下一代时，两代人都会生机勃勃、富有活力。

总之，作为成熟的父母，应当是善于与孩子沟通的，即善于发现孩子在想什么，在干什么。当孩子做出一些成人难以理解的事情时，父母不是当即质问或训斥，而是平心静气地思考一下：孩子的行为是否有合理性？如果缺乏合理性，又是为什么？经过这样的思考，父母则容易了解孩子，而了解孩子恰恰是教育的成功之道。

不少父母都会遇到这样的问题：与孩子沟通为什么那样难呢？

儿童教育专家为父母提出以下方法：

1. 设身处地为孩子着想，这是父母与孩子很好地沟通的第一步

父母也是人，我们自己是不是也希望别人能够明白我们内心的感受，希望得到别人的帮助呢？孩子也是人，他们也同样希望别人明白自己内心的感受，也希望得到别人的帮助。

2. 倾听是父母与孩子有效沟通的最佳策略

如果父母愿意倾听孩子的心声，理解他们的意见或情绪，这实际上就是对孩子的尊重。父母要做到真正倾听孩子的心声，应该注意：

（1）和孩子交谈的时候要暂时放下手上的事情，专心交谈。只有这样，孩子才会感受到父母的爱心。

（2）父母要清楚倾听的目的。倾听就是要真正了解孩子的思想和感受，所以，父母要让孩子把自己的心事说出来。对此，父母应该表示理解而不是要批评。

（3）父母要认真体会是不是听到了孩子的心声，孩子对自己是不是没有保留了。

（4）父母要帮助孩子更深入、更具体地去面对这些问题。

# 给孩子一个发言的机会

生活中，许多家长对孩子讲话时总是用训斥的口气，要求孩子做事情时则用命令的方式，但在孩子想说话时，家长不是粗暴地打断，就是不理不睬。这是很糟糕的情况，孩子虽小，但也有自己的想法和主张，因此家长应该改变自己的专制作风，孩子需要的是可以平等进行语言交往的伙伴。

在许多家庭里，有个很奇怪的现象。一方面，父母对孩子很娇惯，对孩子的物质要求有求必应；另一方面，父母却从不把孩子当作一个有思想、有主见的人，也不考虑对孩子的做法是否恰当，孩子可能会有什么想法。因为他们是家长，就似乎一切做法都是应该的、合理的。

这样在孩子身上会产生一种什么样的后果呢？

有一个孩子叫果果，他已经是小学五年级的学生，马上就要升中学了。可是，他却不善于语言表达，在众人面前，一说话就脸红。

孩子为什么会这么忸怩呢？

原来果果的父母有一套教育、管理孩子的办法。

有客人来果果家做客，果果的父母要求孩子要有礼貌，要懂事，大人们说话时，小孩子不许乱插嘴，最好是到别的地方去玩，让大人们清静地说话。

即使是只有一家三口的时候，果果的话也时常被打断。比如，当孩子兴高采烈地说着什么时，父母却要不时地打断孩子，纠正他的发音、用词，或者批评他的某个想法，等等，令孩子兴味全无。

即使是成人，当自己的发言屡遭别人打断或反驳时，也会兴致大伤，缄口不言。因此，这种做法必然会影响孩子个性和能力的发展。

多数孩子逐渐变得不愿独立思考、自主行事。这很自然，既然动脑子出主意受到批评指责，又何必自讨苦吃呢？

可是，正如例子中所说的，家长不时地打断孩子的讲话，甚至阻止孩子讲话，不给孩子发言的机会，不把孩子当成有思想的人，也就不会用心去体会孩子的思想，去了解孩子内心的想法，而他们还会认为自己是尽到了他们管教子女的责任。

于是到后来，这样的父母往往会抱怨说：

“这孩子怎么不像别人家的小孩那么灵？”

“这孩子怎么反应这么迟钝啊！”

“这孩子真倔，什么都自己做主，从不听大人的意见。”

“他一点儿主见也没有，到底该怎么办，他自己竟然不知道。”

这能怪谁呢？这是自食其果。

父母打断孩子的话，或阻止孩子讲话，使孩子的思想表达不出来，使孩子的意见不能发表出来，这样父母不能了解孩子，给予孩子恰当的指导，对孩子成长极为不利。一些孩子变得不善口头表达，变得没有主见、怯懦、退缩；而另外一些孩子却变得独断、盲动，听不进别人的意见。

另外还有一种情况就是，孩子在受到批评、指责时，他们的解释和辩解常常被这样的话打断：“你不要辩解了，这没用”，“你还敢嘴硬”，“你又开始撒谎”。

这些话几乎在很多家庭和学校都可以听到。人们习以为常，不再奇怪。但是有没有父母想过，孩子在受到批评和责骂时，他为什么不能辩解呢?

在这种情况下，孩子一般会本能地产生委屈的感觉，进而伤心、怨恨。他会把这种委屈发泄到其他的对象上，或者去想各种好玩的事情来摆脱这种情绪。这往往就是导致孩子淘气的原因。

教育专家认为，孩子要对某件事进行辩解，而时机又不合适，明智的父母应该这样说：“对不起，现在我很忙，但我一定会听你的解释，等我有时间咱们再慢慢谈，好吗？”想想吧，这对孩子来说无疑是久旱逢甘霖，他不但不委屈、怨恨，反而信心大增，并会想自己是不是有什么地方的确做得不妥。

从现实的方面讲，难道有哪位父母真的希望孩子长大以后遇到类似的情况而不辩解吗？不，那时他的父母一定会气愤地说：“你为什么不辩解？！你是哑巴吗？”

孩子的这种权利受到尊重，一般会增强他的自信心和荣誉感，他反而会注意别人的权利是否也被自己尊重，从而自治能力增强。

因此，家长应当把孩子当成是一个有思想的独立个体，给孩子对等的地位，尊重孩子说话的权利。教育学家认为，只有平等的、民主的家庭才能产生具有独立意识、乐观积极的孩子，而专制的家庭只能培养出唯唯诺诺的庸才。

有一个孩子内向、胆怯，他的父母很头疼。后来心理医生建议这对父母在与孩子沟通时，运用对等的手段，就是说把孩子当成与自己地位相等的人一样来尊重，鼓励孩子说话。这对父母半信半疑地试了一段时间后，惊喜地发现孩子的话多了起来，老师也告诉他们，孩子在学校里也比较敢于表达自己的意见了。

家长应该真正地给予孩子平等的地位，不打断孩子的讲话，给孩子发言的机会，把孩子当成有思想的人，用心体会孩子的思想，了解孩子内心的想法，这才是真正尽到了教育子女的责任。

开明的父母应该给孩子对等的地位，鼓励孩子发言，锻炼孩子的语言表达能力，让亲子之间顺畅沟通。

## 父母蹲下去，孩子站起来

父母要学会放下架子，蹲下去和孩子交谈，这样孩子就会快乐，身心就会健康。做父母是一项很重要的工作，因此必须善于学习。这主要包括：父母要尊重孩子，对孩子要讲文明礼貌，还要勇于承认自己的错误。如果这样，你就是孩子的好朋友，孩子就会尊重你，服从你。

父母不仅要关心孩子的生长发育和身体健康，还要特别关注心理健康。

下面是心理学家的几条建议：

1. 让孩子天天快乐

让孩子天天快乐是父母的一种感情投资。一个人轻松愉快地做事情，就会“乐而不倦”，有使不完的力气。父母能够让孩子“兴高采烈”去活动，孩子就会顺利，成天都高高兴兴地成长。

要达到这个目的，父母应该做到：

（1）为孩子树立模仿的榜样，时时处处都以乐观向上的情绪去感染孩子。

（2）父母之间要建立和谐、默契的关系，以便对孩子产生潜移默化的影响。“孩子的脸是父母之间关系的晴雨表”，说的就是这个道理。

（3）父母要对孩子进行情感投资。美国精神病专家坎贝尔指出，如果要使孩子的心理健康，父母就应该进行“感情投资”。深情地注视孩子，和孩子进行温馨的身体接触，一心一意地关心孩子，这些都是简单易行的方法。

（4）父母对孩子要宽严适度。父母既不能为了赢得孩子的开心和笑容，就对孩子的缺点、错误放任自流，听之任之，连不合理的要求也违心地满足；也不能时时处处苛求孩子，把孩子与同伴进行横向比较，甚至拿孩子的短处去比同伴的长处。父母要注意进行纵向比较，一旦发现孩子的闪光处和点滴进步，就要及时加以鼓励。

2. 做一个可亲可敬的父母

父母在家庭内部实行民主平等，孩子就会心理健康。调查表明，民主协商型父母与独断专制型父母相比，前者培养出来的孩子更通情达理，受同伴欢迎，能与人友好相处，乐于助人。

为了构建良好的亲子关系，对父母的要求是：

（1）父母要尊重孩子，认识到孩子也是一个独立的个体，也有自己的情感和需要。父母要放下架子，“蹲”下身来与孩子讲话，尽量减少“威严感”，增加“亲切感”，让孩子感觉到父母和自己是平等的。

（2）父母对待孩子要讲文明礼貌，不打骂孩子。一旦孩子有了成绩，做了好事，父母都要表示祝贺，绝不吝啬。

（3）父母要勇于承认自己的错误。当父母意识到自己对孩子可能讲错了话、做错了事，要勇于向孩子承认错误并及时道歉。这不但不会降低自己在孩子心目中的威信，反而会使孩子感到父母更加可亲可敬。

## 沟通，是孩子心理减压的最好方法

适当的压力可以激励人努力向上，没有压力会使人疲乏、懒散，但压力太大又会使身心无法承受而出现心理问题。有研究表明，在中小学生中普遍存在厌学、考试焦虑和作弊以及青春期烦恼的问题，有不少学生还性格狭隘、孤僻、懒惰和任性。作为父母，有责任帮助孩子克服压力，因为对孩子来说，父母是最重要的影响力量。

认真倾听孩子的心声要想帮助孩子克服压力，先要了解孩子心理上有什么压力，压力从哪里而来。所以，必须听听孩子的倾诉，要抽出时间和孩子面对面地交谈。交谈时要专注，和蔼地看着孩子，认真地听他说话。只有父母肯把心交给孩子，孩子才肯把心交给父母。这样，才能了解孩子心理压力的真实情况，才能够针对问题帮助他们。

许亮今年马上就要参加中考了，学习负担骤然增加。每天有写不完的考卷，背不完的课文、公式，许亮渐渐有点“力不从心”了，最近，他总有一种喘不过气的感觉，心理压力仿佛已经超出了他所能承受的限度。许亮的精神状态变得非常不好，学习成绩也随之退步了许多。

许亮的变化，他的父母是看在眼里的。可是，许亮不想让父母担心，他觉得自己能够“撑住”。

这两天，许亮出现了食欲不振的情况，爸爸为此很心焦。他温和地询问孩子道：“你最近学习很辛苦吗？”

许亮点点头，说道：“功课越来越多，而且，我现在觉得心理压力好大，可是我又不知道怎么排解掉。”

爸爸轻轻地握着许亮的手，说道：“能和我说说你的心理压力吗？倾诉是最好的缓解心理压力的办法。”

后来，在爸爸的帮助和引导下，许亮终于克服了种种心理压力，以正常健康的心态迎接即将到来的中考。

父母要关心孩子的成长，鼓励孩子培养有益身心健康发展的兴趣爱好，多参加一些学校组织的课外活动，这对舒解孩子的心理压力是大有裨益的。最好不要强迫孩子去学这学那，应该多听听孩子自己的意愿。

当发现孩子出现心理压力过重的情况时，父母一定要加以恰当的引导，这样，孩子才不会产生更为沉重的心理压力，从而轻松愉快地度过青少年时光。

1. 帮助孩子面对恐惧

有时候孩子会因为自己和别人不一样，比如不跟别人一起逃学，不跟着别人作弊、抽烟、抄作业等而受到嘲笑，甚至受到孤立，感到恐惧，不知所措。这时，父母应当教导孩子要坚持原则，不对的事一定不能做，让孩子知道，能够做到不随波逐流是很不容易的，这正是一个人成熟的表现，也是有主见、有头脑的表现。

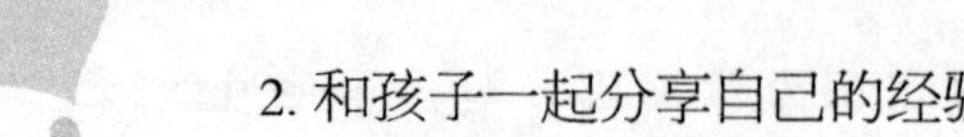

2. 和孩子一起分享自己的经验

父母小时候一定也曾经遇到过孩子今天的状况，当时是怎样对待的或现在遇到了什么难题又是怎样处理的，这些都可以和孩子分享。当孩子知道了父母原来也常常会面对压力和烦恼的时候，他们对父母说的话就比较容易听进去了。父母告诉子女自己是怎样应付压力的，那实际上是为孩子树立了一个很好的榜样，也就增强了孩子克服压力的勇气和信心。

## 不要打断孩子的诉说

一些父母在听孩子说话时总是不够耐心，有的家长甚至不愿意听孩子讲话，总是打断孩子的倾诉。他们可能觉得这样做没什么，然而这样做给亲子关系带来的副作用是难以估量的，孩子也会因此而不愿与父母沟通，有的孩子甚至会变得抑郁内向。

在一期家庭互动电视节目上，主持人把一位可爱的小朋友请上台，问他："你长大后想要当什么呀？"小朋友认真地回答："我要当飞机的驾驶员！"主持人接着问："如果有一天，你的飞机飞到大西洋上空，这时飞机的燃油用完了，你会怎么办？"小朋友想了想说："我会让坐在飞机上的人绑好安全带，然后我挂上我的降落伞跳出去。"

这答案使现场的观众笑得东倒西歪，主持人继续注视着这个孩子，想看他是不是自作聪明的家伙。

观众的大笑使孩子噘起了小嘴，眼睛里也有了泪水，这才使得主

**持人发觉这孩子似乎有无限的委屈。于是主持人问他说："为什么要这么做？"小孩的答案透露出一个孩子真挚的想法："我要去拿燃料，我还要回来！我一定要回来！"**

这是一个关于倾听的经典故事，如果主持人不耐心地听小家伙把话说完，他又怎么能体会到孩子的真挚和善良呢？如果主持人打断孩子的话，并说："好了，好了，你这个小家伙！把乘客留在飞机上，自己先逃跑真是个'了不起'的主意啊！？"那么，孩子会觉得多么委屈啊！很多父母都是这样，在孩子还没有来得及讲完自己的事情前，就按照大人的经验大加评论和指教，结果曲解了孩子的意思。

如果父母总是随意打断孩子的诉说，不给孩子倾诉的机会，这样下去，父母也就听不到孩子内心的想法，听不到孩子的心声。了解不到孩子的所思所想，孩子出现了什么问题，父母也不会知道，问题也就不会得到及时地解决，孩子的心理必然受到严重的消极影响。

然而，现在耐心地听孩子讲话的大人越来越少了。一些孩子的父母不是面对孩子主动说话，而是只顾看着报纸或电视随声附和地聊上几句，很少看到父母面对面地耐心地听孩子说话的情景。

但是，生活中，我们又常常听到父母叹息说："孩子大了，有什么话也不跟我说，我说什么孩子也不愿意听。"孩子也抱怨说："父母什么事也不给我们讲明白。""父母光说自己想说的话，可我想说的话，父母都不听。"这种父子或母子情之间的现象常常为父母，也为孩子所困惑。

倾听是了解孩子最有效的途径，父母只有耐心地倾听孩子的诉说，才能看清孩子的内心世界，在此基础上才能创造更多与孩子交流的机会。

1. 父母要用心听，但不急于判断

这是运用倾听计必须注意的一点，然而父母却总对孩子的倾诉缺少耐心，急于判断谁对谁错。但只判断而不用心听，会切断许多心灵沟通的途径。

假如一个孩子放学后很晚才回家，孩子刚要解释，心焦的父母便开口喝道："我不要听出了什么事！"这种反应破坏了双方的沟通气氛，更严重的是令孩子的自尊心受到打击。正确的方法是告诉他你们如何为他操心："我们又担心又害怕。"然后让他说明一切，也许孩子有可以谅解的理由呢?

2. 对孩子的倾诉多一点耐心

我们都渴望有人听自己说话，在大多数情形下，人与人不能沟通，就是因为只有人说话而没有人听。如果父母们能对孩子的倾诉多一点耐心，不急于打断孩子的话，那么孩子遇到事情时就会乐于向父母倾诉，与父母建立良好的沟通。

# 倾听孩子的"潜台词"

孩子并不总是把他的意思表述得清清楚楚，他们也许会采用另一种表达方式向父母暗示。因此在运用倾听手段了解孩子时，一定要细心，要注意那些孩子没有明说出来的事情。

皮埃尔的父亲是一个法官，每天都要处理很多民事案件。

一天，皮埃尔问他的父亲："在我们这个地区，每天有多少孩子被抛弃？"听到儿子的问题，父亲感到很高兴，没想到儿子这么小就对社会问题这么感兴趣，于是他就耐心地给儿子讲了这方面的几个案件，然后又去查了数据。但是皮埃尔仍然不满意，继续问同一个问题："在尼斯市被抛弃的孩子有多少？整个法国呢？全世界呢？”

父亲感到很奇怪，经过一番思索，他终于明白了皮埃尔的意思：儿子关心的是个人问题，而不是社会问题；他问这些问题并不是出于对这些孩子的同情，也不是真正想得到这个数据，他其实是在为自己担心，担心自己将来会被父母抛弃。

父亲仔细想了一下，然后对他保证说：“你担心我们会像其他父母那样将你抛弃，我向你保证我们决不会那样做，我们爱你，请你相信我们。”

皮埃尔听到父亲的保证，这才安下心来。

其实，许多孩子在与父母沟通时都不会明显地表示出他的想法或需求，这也许是出于自卑的需要或是别的一些原因。在倾听孩子讲话时，如果你不够细心，那么就会忽略了孩子的“潜台词”。

那么，怎样的倾听方式，才能使你更好地了解孩子话语中的弦外之音呢?

1. 始终对孩子的一切表示出兴趣

一些父母听孩子说话时总是一副心不在焉的样子，敏感的孩子往往会因此失去诉说的热情。如果父母对孩子以及孩子的活动表现出真实的兴趣，那么孩子就会感到自己是重要的。你对孩子表示关心、照顾，让他们谈论有关自己的事，孩子便会感到与你在一起很亲密。

2. 详尽地表达自己的想法

与孩子交谈时，需要向他们提出明确的要求。为了使孩子的谈话持续下去，要用一些鼓励的词，如：“嗯”、“真的吗？”也可以提一些简单的问题进一步引导孩子。在结束谈话之前，让孩子详述某一问题的情景，尽量描述它的细节。

3. 多留出一些与孩子交流的时间

在孩子的生活中，有时需要母亲或父亲，特别是母亲在他身边听他讲话。当孩子经历着内心的失败、创伤或有失望情绪时，他们特别需要温情的安慰。孩子也很想知道他们的父母在分享他们的好消息时的心情。父母应使孩子感到你不是由于忙或急着做其他的事，而无暇听他们说话。

4. 专注真挚地倾听孩子讲话

父母应当集中注意力，选择一天不忙的时间和安静的地点，听孩子说话。在这段时间，用眼睛注视着孩子，表示是真心在与他接触。作为父母，每天都要为孩子提供与他们单独接触的机会，哪怕只用几分钟。比如你可以对孩子说："我们一起散会儿步。"或者说："让我们到你的房间去单独谈谈。"

5. 用身体语言鼓励孩子讲话

身体语言也是父母向孩子传达信息的一种重要的方式。许多父母仍然不知道怎样利用自己的行为向孩子表示："我在听呢，我感兴趣，继续说呀。"有几种主要信号可以表示对孩子的注意：面向孩子，与孩子紧挨着坐，身体竖直或向孩子倾斜，眼睛互相接触，用慈爱的目光注视着孩子。此外，应当避免紧张，并表示兴趣，面部表情和声调都是和蔼的。

6. 用语言帮助孩子表达情感

孩子在表述自己的感情时，常需要家长的引导。家长应用语言帮助孩子反映他们的感受，特别是年幼的孩子，不会说出他们的感受，不能像成人那样表达自己的感情。当父母认为孩子的感情是正常的、合理的，你可以帮助他承认而不是否认这种感情。当消极的感情得到承认和表达后，将会摆脱其强烈性，为更积极的情绪和建设性的解决方法开辟道路。因此，父母对孩子的感情应做出有意识的努力。

7. 站在孩子的角度想问题

倾听别人讲话时，最重要的技巧是摆脱自己对问题的思想和感情，设身处地想他人在经历着什么。有了这种技巧就能感觉到孩子情绪的波动，并将自己符合实际的看法告诉孩子。

孩子的潜台词里，往往有着孩子最在意的事。因此，对于孩子说的每一句话，父母都要细心揣摩，也许一个不经意的忽略，就会给孩子的心灵留下创伤。

# 给予孩子表达不满的权利

看见自己的孩子在众人面前“脾气发作”，对父母来说是很件很难为情的事情。一般情况下，当孩子当众有异常表现的时候，父母首先想到的是自己的面子，却很少有父母真正地去关心孩子此时的心情和情感需要。因此，父母便会对孩子的行为很快地加以压制。

实际上，这样做是不对的。作为训练有素的成年人，在父母的脑海中有成套的规矩，什么样的行为是可以接受的，什么样的行为是不应该发生的。在情感表达上父母也有明确的概念，什么样的情感是值得赞扬的，什么样的情感是不应该存在的。

而孩子却没有形成这样的概念。比如，孩子在两岁左右爱发脾气是一种正常现象。因为这一年龄段的孩子易冲动，自制力差，对挫折的容忍程度是有限的。孩子要到外面玩，父母不允许，为什么不允许，他不明白，有可能就要通过发脾气的方式表达自己的感情。而四岁以上的孩子，对挫折有了一定的控制能力，初步明白了一些事理，假如还频频哭闹、经常发脾气，那么其原因大多数在父母身上。

父母应该明白：发脾气是孩子正常的情绪宣泄，要允许孩子发发小脾气，但更要找到孩子发脾气的原因及安抚孩子。

雯雯一向很固执，对自己认准的事决不回头。假如不如意就发脾气，找理由哭闹，妈妈对此感到非常头疼，总是提防着她的坏脾气爆发。

妈妈经常对朋友说："我家雯雯一般都很乖，就是脾气一上来，怎么说，怎么劝都不行，真是软硬不吃。"一天，一位朋友说："她总是有原因的吧？不会无缘无故就哭闹吧？"

妈妈留心观察，发现雯雯总是在父母不耐心或有恼怒表情后开始"发怒"，而且纠缠不清。妈妈翻开一些育儿书来看，其中讲到孩子对归属感的寻求，不禁有些醒悟。或许雯雯看到父母生气，会想到他们不再爱她，因此，有危机感，因恐慌而暴怒？

找到原因就好办了。有一次雯雯又闹起来，这次妈妈没有训斥或表现出厌烦，而是和颜悦色地拥抱着雯雯说："妈妈知道你心里难过，能不能告诉妈妈为什么难过呢？"这样问了一阵，雯雯终于吞吞吐吐地说："我看你刚才生气，以为你不喜欢我了。"

"傻孩子，妈妈怎么会不喜欢你，刚才妈妈情绪不好，因此，对你态度也就不好了。可是妈妈是喜欢你的，你要相信妈妈。"这样以后每当雯雯有迹象要发怒时，妈妈首先向雯雯声明她喜爱雯雯。这的确使雯雯平静了很多，不再没完没了地"找麻烦"了。

孩子脾气发作，不仅严重损伤孩子的情绪与生理状态，而且也使父母狼狈不堪，感到十分棘手。因此，父母要想方设法制止孩子哭闹、发脾气。怎样制止呢？一定要根据发脾气的原因"对症下药"，方能奏效。就像案例中的雯雯妈妈，妈妈发现雯雯发脾气的原因是因为孩子担心妈妈忽视了自己，找到了孩子发脾气的原因，也就找到了减少孩子发脾气的办法。

孩子的喜怒哀乐等情绪体验是毫无掩饰的，他们敢爱、敢恨、敢说、敢笑，这是孩子心理的一种优势，一种使得孩子能及时宣泄各种情绪能量的优势。他们自然流露这些情绪并不是什么可耻的事情，只要不扰乱他人的正常学习与生活，不伤及他人，就没有什么对和错之分，并且父母要鼓励孩子这样做。父母只有细心地观察孩子，理解孩子，允许孩子自由地表现，在理解的基础上进行引导，才能保证孩子的健康成长。

怎样了解孩子的情绪呢?

1. 给孩子发脾气的权利

如果孩子正为某事在气头上，要允许他发脾气。父母不妨先坐下，安静地等待孩子，安静地看着孩子，不去打断他的怒气，全神贯注地关注孩子，这等于告诉孩子：你是被我在意的，我在认真地注意你的感觉或问题。给孩子发脾气的权利，有助于孩子宣泄心理能量，也是对孩子关爱的表达。

2. 父母自己不要经常发脾气

当父母火冒三丈时，要注意孩子很可能会模仿这种处理问题的方式。假如父母动辄勃然大怒，又怎能期望孩子控制好情绪呢?因此，为了培养孩子良好的性格，不乱发脾气，父母一定要以身作则，为孩子创设一个良好的家庭环境氛围，让孩子保持积极情绪，学会控制不良情绪的爆发。

3. 父母的教育态度要一致

当孩子发脾气时，千万不要在成人中间形成几派，有人不理睬，有人去哄劝，有人离孩子而去，还有人跑到孩子面前讨好，更不要当着孩子争论。成人彼此之间一定要沟通好，一旦孩子发作，全家人采取一致的态度，否则他就会更加哭闹不止。

4. 满足孩子的生理与心理需要

孩子处于饥饿与疲劳状态时，易发脾气。这一点父母都很清楚，但对孩子心理需要却重视不够。孩子有游戏与交友的需要，父母对此能否正确对待，对孩子是否发脾气有很大影响。还要培养孩子的广泛兴趣与爱好，在不影响孩子学习的前提下，可引导孩子学习绘画、下棋、弹琴等，以逐步培养孩子豁达的性格。

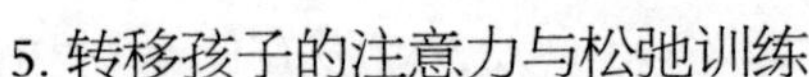

5. 转移孩子的注意力与松弛训练

在孩子生气时，父母除了表示对他理解与关怀外，还要尽量转移他的注意力，引导他做些愉快的事情。对大一些的孩子可通过各种体育活动来达到其精神与身体的放松。有规律地深呼吸也有助于孩子身心松弛。

6. 及早发现孩子发脾气的苗头

发现孩子发脾气的苗头后，父母要鼓励孩子把心中的不快倾吐出来。一旦发现孩子的情绪有导向发怒的可能，父母应立即提醒他，还应搞清哪些事情正在困扰着孩子，并向孩子提供一定的帮助。

7. 让孩子有适当发泄的机会

假如孩子的坏脾气已经形成，第一，可以采取冷处理方式，在其发脾气时故意忽视不理，让他慢慢冷静下来。第二，可以选择适当的方式让他发泄出来。如通过交谈帮助孩子把怒气宣泄出来，或者让孩子去跑步，或去大声地唱卡拉 OK，等等。

## 允许孩子争辩

父母在教育孩子时，往往会遇到孩子回嘴、反驳、顶撞等。面对这种争辩，做父母的该如何处理呢？明智的做法是给孩子争辩的权利，认真地听取争辩。这样做，主要的好处有两个：其一，从孩子的争辩中，做父母的可以了解到其发生某种错误行为的背景、条件以及心理动机等，针对性地进行有成效的教育；其二，让孩子争辩，也就为做父母的树了一面镜子，父母通过听取子女的争辩检验自己的教育方法是否得当，说的是否在理，发现不妥之处可以及时地调整。

孩子争辩时，常常是他们最得意时。这时也是孩子最来劲儿、最高兴、最认真的时候，对他们的大脑发育是有好处的。同时，这样还可以营造家庭的民主空气，增加孩子各方面的能力。研究发现，这样的孩子具有很强的交际能力与其他方面的能力，对将来的发展是大有好处的。

因此，父母应该树立一种观念，允许孩子争辩，这不是什么丢面子的事。父母认为，假如允许孩子争辩，孩子就会不听话，不尊重自己，让自己为难，这种想法是极为不正确的。允许孩子争辩，对两代人都有好处，因此，父母要善于研究学习，让争辩发挥更大、更好的作用。

当然，允许孩子争辩是应遵守规则的，换言之，就是不允许他们胡搅蛮缠，随心所欲，而是在讲道理的基础上进行的。假如孩子违反了争辩的规则，父母自然应该加以制止。值得提醒的是，父母是规则的制定者，因此，在制定规则时要从实际出发，合乎孩子的情况，合乎一般的道理，否则，这种争辩就是不平等的。

很多父母的实践说明，教育孩子时，允许孩子争辩，孩子常常会讲出一通令父母受益的道理来。

给孩子争辩的权利，这对很多做父母的来说并非轻易就能做到的，他们在教育孩子的时候，往往是只能我说你听，哪能容孩子争辩。因此，给孩子争辩的权利，需要做父母的克服自以为是，唯我是从，只准说是，不准说不的单向说教的思维定势，换上尊重孩子，鼓励争辩，勇于自以为非，善于双向交流的思维方式；改变轻则呵斥，重则棍棒相加的粗暴行为，养成重科学，讲民主，以理服人的良好规范。

心理学家经过科学调查得出了这样的结论：能够同父母进行真正争辩的孩子，在今后的日常生活中，会比较自信、富有创造力、合群。

因此，父母应该为孩子的争辩创造一种宽松、平等的氛围。在争辩的过程中，父母应循循善诱、以理服人，不要以为孩子与父母争辩

是对父辈的不敬。

如何提高孩子的争辩能力呢？

1. 刺激孩子智力的发展

孩子勇于与父母争辩的直接原因是他们语言能力的进步与参与意识的觉醒。在争论的时候，孩子必须根据自己对环境的观察分析，选择、运用学到的词汇与表达的方式，试图有条理地表达自己的欲望，挑战父母。这无疑有利于刺激孩子语言能力的发展。

2. 帮助孩子形成意志

争执能帮助孩子变得自信与独立。在对抗中的孩子感觉到自己受到重视，知道怎样才能贯彻自己的意志。孩子与父母争辩后注意到，“父母并非总是正确的”，辩论的“胜利”，无疑使孩子获得一种快感与成就感，既让孩子有了估量自己能力的机会，也锻炼了他们的意志力。

# 八、你对孩子的期望，他可以接受吗

如今，许多家长对孩子要求过高，希望孩子能够上一所名校，有个较好的前程。纵使学校能够减负，家长也未必让孩子减负，连小学生的作业，家长都要求孩子完成两套三套额外练习题。在平时，孩子们都被迫学习到晚上十点以后，而假期，更有各种补习班、特长班在等待着被压榨得几近灯枯油尽的孩子！于是我们看到，有心理障碍的孩子越来越多，而儿童心理学家指出，压力过大是导致孩子出现心理问题的一个重要原因，给孩子减负已经成了当务之急。为了让孩子能健康成长，家长们请别给孩子太大的压力。

## 望子成龙也要从实际出发

望子成龙、望女成凤是中国父母的普遍心态。从孩子很小的时候起，他们就对孩子有一大串的期望，期望孩子从小学到大学一路“重点”，最后再出国深造，成为博士，期望孩子功课好、分数高、力争年年被评上三好学生；期望孩子有特长，能在数学竞赛中获奖、能在英语大赛中获奖、能在书法比赛中获奖、能在钢琴比赛中获奖、能在体育比赛中获奖……这些期望就像一副重担，狠狠地压在了孩子的肩膀上。

其实，父母期望孩子成才这一点是可以理解的，但期望也应该以现实为基础，如果父母的期望值过高，背离了孩子身心发展的内在规律，那么就可能给孩子带来过重的心理负担，影响孩子的发展。

小雨是从一路辉煌中走过来的，她上小学时，是市里的心算冠军，还曾屡次在高手如云的全国数学奥林匹克竞赛中获奖；她的英语非常好，上初中时曾代表学校参加过省英语口语大赛……上高中后，妈妈告诉她：“以你的水平、实力，上高中一定要在班里拿第一！这样将来才有希望考清华、北大。”小雨觉得很痛苦，她觉得自己的能力似乎已经到极限了，重点高中里人才济济，自己哪有那么容易考第一。妈妈看出了她的烦躁，但非但没有安慰她，反而还斥责她：“整天心浮气躁，你要是不拿第一，看我不打折你的腿！”小雨在日记中写道：“爸爸妈妈永远也不会真正地为我着想，他们有要做成功者的愿望，我就得成为过河的卒子，拼命向前。”期末考试结束了，小雨拿到了她的成绩单，她离第一名还有好远。那天下午，小雨没有上课，趁父母不在家，她收拾好东西，带上一些钱离家出走了。

父母期望孩子早日成才，期望孩子出类拔萃，这种心情本是合理的。但也不能否认，任何事物都应该掌握好尺度，要根据实际状况，采取科学的方法，千万不能在教育孩子的过程中，怀着不切实际的“期望”，走向极端。父母总是用成人的心态和眼光看待孩子的内心世界和能力，对孩子的能力发展、情绪状态、心智方面都有过高的估计。父母在这种自我沉迷的状态下不能清醒地认识问题，久而久之，使自己的行为成了一种惯性和教条，最终给孩子造成了巨大的精神压力，使孩子对受教育的感受越来越沉重，越来越没兴趣和信心，甚至还导致孩子心态失衡，走上极端。

因此，该到了给孩子“减负”的时候了，不要总是给孩子太多压力、负担，对孩子的期望要合情合理，要让孩子能够看到成功的希望，“轻装上阵”不是更有利于远行吗？

涛涛上初二了，成绩中等偏上一点，这让他的爸爸很着急，再这样下去，重点高中就没戏了。于是夫妻俩齐上阵，一起督促涛涛学习，还不断给他讲一些“考不上重点高中，将来就很难考上重点大学”的道理，不过这样做似乎完全没效果，期中考试成绩一点没进步，老师还反映说，涛涛变得内向了许多，夫妻俩只好带着儿子去看心理医生。几天后，心理医生告诉这对望子成龙心切的夫妻，他们的儿子有忧郁症的倾向，主要是因为心理压力过大。那怎么办呢？医生给他们支了一招“减负计”。

回家后，夫妻俩找儿子谈了一次话，爸爸说：“涛涛，我们为你好，但却似乎给了你太大的压力，现在我们认为应该按你现在的成绩对你提出要求。你现在是中等偏上，那就加把劲考市五中吧！五中虽不是重点，但听说教育质量也不错。”“爸爸，你说的是真的吗？”涛涛眼睛亮了起来。“当然是真的了！不过，你不可以因为我们降低了要求就不认真学习，知道吗？”涛涛连忙点头。从那以后，涛涛的脸上开始有了笑容，而且也不再用父母督促着学习。中考结束了，当父母准备送儿子去五中时，却出现了一个戏剧性的转折——涛涛的分数超过重点高中的分数线 17 分，涛涛竟然考上了重点高中！爸爸奇怪地问涛涛怎么考的，孩子笑着说：“没有压力、轻装上阵自然发挥得好！”有了这次经历，涛涛的父母决定今后要将“减负”进行到底。

教育孩子，应从孩子的实际出发，顾及孩子的爱好与特长。如果只根据家长的兴趣和愿望，那么孩子只会走向相反的道路。在高期望值的支配下，父母评判孩子好坏的标准往往会严重失衡。孩子教育的成败也多以考试分数或指令孩子所学的一门特长的成效来衡量。这实际上是家长自己背上的一个错误而沉重的包袱。因此，父母在教育孩子时，应注意给孩子“减负”而不是加压。不要以为孩子在很大压力下才会出人头地。教子成功的父母一般绝不给孩子太多的期望压力，因为让他放松身心、缓和情绪反而更好。

给孩子过高的期望，会让孩子因压力过大而崩溃；降低你的期望，为孩子减去过重的负担，却可以使孩子轻松自如地前行。

# 高压只会让孩子选择逃避

现在离家出走的孩子越来越多了，原因是多种多样的，不过大多数都是因为受不了父母的“高压”政策，因而选择了逃避。于是，这些孩子的父母痛苦、懊悔，可是说什么都已经晚了。当初何必要给孩子那么大的压力呢？孩子的承受能力实在是非常有限的。

有这样一个家庭：母亲是位教育工作者，连续七年被评为优秀教师，父亲是一个律师，自己开着一家律师事务所。这对夫妻有一个儿子正在读高中，而这个孩子却不像父母那样优秀，父母提起他来就是“我那不争气的儿子”。

其实他们的儿子小时候聪明活泼，夫妇俩想尽办法为他创造条件：让他上各种兴趣班、提高班，还买了许多辅导书给他看。可是孩子的学习成绩始终没有达到他们的要求。小学时，孩子的学习成绩在班级属中上水平，进入初中后，他逐渐变得不听话，常常和父母唱反调，对学习厌烦，学习成绩明显下降。读初三时，他常常逃学。为此父母斥责过他无数次。结果一天清晨，夫妇俩发现儿子不辞而别，书桌上留了一封信……

亲爱的爸爸、妈妈：

我走了，我实在是不配当你们的儿子。你们那么优秀，而我是如此的平庸，学习上我实在无法达到你们的要求，让你们丢脸了。

其实我也曾想把书读好，可不知怎么就是提不起兴趣来。我感到压力太大，喘不过气来。的确，你们为我创造了良好的读书环境，给我买了许多中外名著、课外辅导书籍，还给我一间书房读书，可你们越这样我就越怕让你们失望。

我很感激你们，也知道你们对我的爱和期望。但同时你们也剥夺了我作为孩子玩耍的权利，使我失去了很多乐趣。你们不允许我外出和同学玩，说这是在浪费时间，还怕我学坏。我的业余时间除了读书还是读书。我几乎没什么知心朋友。你们工作又那么忙，很少与我交流，即使是找我谈话也永远是那个主题——好好读书，要求我达到很高的分数。

上周的测试成绩出来了，我又没考到80分，你们知道了，又要骂我了吧？我觉得这个家里已容不下一个不爱读书的人。我走了，请别找我。

儿子

后来，父母在火车站附近找到了孩子。但回到家里，儿子表示不想读书了，否则他还会离家出走。父母只好答应他的要求，让他休学在家。

“我的父母也是教师，家里的兄弟姐妹都是知识分子，我的侄女上了大学，外甥进了重点高中。可偏偏我的儿子不争气，给我丢尽了脸面。我当了这么多年老师，教的学生也可谓桃李满天下了，却教不好自己的儿子，这是什么原因呢？”这位母亲道出了心中的疑惑。

可以说，孩子的离家出走，完全是父母的高压政策所致。父母想通过给孩子加压，让他考出好成绩，以满足自己与同事、亲友攀比的心理，却不顾孩子的兴趣所在，一味地要求他参加各种学习班，剥夺了孩子交友和玩耍的权利，使孩子失去了和同龄人交往的机会，使孩子感到生活枯燥无味，孩子处在强大的压力下，不仅感觉孤独，而且发展到了对读书的厌倦。在此情况下，他只有选择出走，以逃避这令自己喘不过气的环境。

压力太大就会引起反弹，生活中，一些家长往往把孩子视为私有财产，为了要子女出人头地、光宗耀祖，家长们不断给孩子加压，或冷言冷语，或棍棒教育，结果非但达不到预期效果，反而弄得亲子冲突不断。教育学家建议家长们撤销高压政策，运用“减负计”减轻孩子的压力。

这样做是非常有意义的，减轻孩子的精神负担，会给孩子的身心健康带来好的影响，同时又可以缓和因高压政策而导致的亲子矛盾，如果处理得好，甚至还可以改变孩子对待学习的态度。

那么，减负计应该怎样运用呢?

首先，父母不要再整天拿自己的孩子跟一些出色的孩子相比，当你对孩子说“你看人家的孩子……”时，其实就是在对孩子说：“你太没用了，比起人家的孩子，你差得太远了！”这样一来自然会增加孩子的心理负担。

另外，在家里不要用教师的身份或其他的什么身份管教孩子，而要以慈爱的父母的角色和孩子倾心交谈，拉近距离，认真了解孩子的思想动态及兴趣所在，尊重孩子的想法，为孩子营造轻松愉快的读书氛围。一旦孩子接受父母作为他的知心朋友，一旦消除了令他窒息的高压环境，就能改变他对读书的厌倦。最好根据孩子的兴趣，激发他的读书热情。至于孩子今后的路怎么走，父母可以进行引导，但不能代替孩子做决定。

高压只会引起反抗，让孩子更不听话，更不爱学习。如果你能试着给孩子减去一些负担，那么孩子一定会更自信、轻松，并愿意回到你身边。

# 尊重孩子自己的选择

生活中，父母们总是喜欢依据自己的意愿来为孩子做选择：让孩子学钢琴，让孩子学舞蹈，让孩子学理工科，让孩子考大学……几乎很少有家长会询问孩子的志愿，尊重孩子的兴趣和理想，因此亲子之间常出现矛盾。父母抱怨孩子不理解自己的苦心，孩子指责父母干涉自己的自由，于是关系越闹越僵。

父母带着女儿到餐厅用餐，服务生先问母亲点什么，接着问父亲点什么，之后问坐在一边的小女儿：“小姑娘，你要点儿什么呢？”女孩说：“我想要水果沙拉。”

“不可以，今天你要吃三明治。”妈妈非常坚决地说。“再给她一点生菜。”女孩的父亲补充说。

服务生并没有理会父母的话，仍旧注视着女孩问：“亲爱的，你都喜欢什么水果呢？”

“哦，西红柿、苹果，还有……”她停下来怯怯地看一眼父母，服务生一直微笑着耐心等着她。女孩在服务生的目光鼓励下说：“还有多放一点沙拉酱。”

服务生径直走进厨房，留下目瞪口呆的父母。

这顿饭小女孩吃得很开心，回家的路上，她还在不停地说啊笑啊，最后，她走近爸爸妈妈，开心地说：“你们知道吗？原来我也能够受到他的重视。”

可以想象，这个服务生给女孩带来了平等和自尊，更给女孩的父母上了意义深远的一课。那就是，孩子有自己的兴趣爱好，孩子的选择同样需要被尊重。

有一位父亲，他是一个普普通通的工人，他一直希望能把自己的女儿培养成才。有一次，一个客人在看到他的女儿时，顺嘴夸了一句："这个孩子手指修长，一看就是块弹钢琴的料。"这位父亲动心了，他决定将女儿培养成钢琴家。第二天，他就去银行提出了所有存款买了一架昂贵的钢琴，又请了老师来教女儿。可是那个六岁的小姑娘根本就不喜欢弹钢琴，她希望能和小伙伴一起参加舞蹈班，可父亲却不愿意尊重她的选择，一定要她练钢琴。每次，小女孩都是哭着坐到琴凳上。有一次她妈妈劝她爸爸说："既然她不喜欢，就别逼她了！"可小女孩的爸爸却气呼呼地说："不行，她懂什么？我说了算！"一天，爸爸出去了，留小女孩一个人在家练钢琴，小女孩由于气愤，拿起一瓶胶水把琴键给粘上了。做完了之后，她突然觉得很害怕，爸爸一定不会放过她的。于是六岁的小女孩收拾了个小包决定离家出走，就在一条繁华的马路上，她被一辆汽车撞倒，双腿粉碎性骨折，她永远也不能再站起来了。

这个故事给我们的教训是：强制孩子是没有意义的，家长必须学会尊重孩子的选择，尊重孩子的兴趣理想，望子成龙、望女成凤当然没有错，可是家长不能利用自己的身份压制孩子，说到底人生毕竟是孩子自己的。

只有尊重孩子的选择，让孩子走一条自己喜欢的路，孩子才会愿意为此而奋斗，凡事都迎难而上，也只有这样孩子才会真正取得成就。

## 平常心态看升学，条条大路通罗马

人生的道路是复杂而多彩的，孩子不一定非要读高中、大学、研究生、硕士、博士不可。孩子如考不上高中，读职高也可以。只要愿意学习，道路总是很宽广的。

“路是无限宽广的”，不要太早指定一条路让孩子去走，所谓“条条大路通罗马”，每个方向都有它的生机，一窝蜂地挤窄门，只会造成无谓的伤害。不一定每个孩子都能成为翔龙、飞凤，让孩子做个在草原奔驰的驯鹿、活泼快乐的猕猴、威武而善良的大象，不也很好吗？

我们必须换一个角度考虑问题。成功之路是很多的，不只考大学一条路。现代社会已经开始由学历社会转向能力社会，成功也由单一模式转向多种模式。况且，我们的目标是让孩子幸福，通往幸福的路更是千万条，父母干吗要限定孩子的选择呢？

实际上，只要我们有一颗平常心，尊重孩子的人格，相信孩子的选择，孩子完全可能实现幸福的追求。有个独生女小学毕业时，不愿去重点中学竞争，选了一所以学习日语为特色的普通中学，父亲坚定地支持女儿的选择。如今，三年过去，女儿生活得很愉快，因为是学习日语，她已经能用较流利的日语打电话了，还担任了某报的学生记者。这位父亲的感悟是，一个人应先生存而后发展，以生存为基础，发展的路子也就宽了，何必将自己逼上绝路呢？

父母“望子成龙、望女成凤”往往存在着三种原因：

1. 父母把子女视为自己的延伸，子女的成就也就是父母的成就

父母与子女荣辱共尝，就是这种心态的表现。

2. 补偿心理作祟

有的父母自己本身没有办法自我实现，就会把希望寄托在子女身上，盼望子女完成自己未达的心愿。

曾有位妈妈这样说过："小时候我梦想当一位音乐家，但是，家里太穷了，连风琴都买不起！所以，现在我要孩子去学钢琴，希望他们能够成为优秀的音乐家。"如此把自己的缺憾托付孩子来弥补，那样孩子是否也会因此失落了什么？

3. 为了符合社会期望

社会上认为好的，父母就会尽力让孩子达到，以符合社会的期望，为社会所认可。因此，社会潮流的趋向便会造成一窝蜂的现象，五六岁的孩子，父母要他们学英文、学电脑、学柔道……反正"大家"都去学嘛！不管孩子喜不喜欢，有没有兴趣！

现今有许多中产阶级的父母们，对子女的教养问题非常关心，但却不得其法，而且他们关心的重心也只在于"我的孩子将来能不能考上大学"。事实上，考上大学并不是人生的最后目标。虽然注重子女的教育是中国一个伟大的传统，但是，现今的父母们之所以会如此烦恼"我的孩子将来能不能考上大学"这个问题，我们认为有以下几点成因：

1. 现代的父母愿意投资在孩子的教育上

父母与父母之间产生竞争的压力。当父母处在妯娌、兄弟、同事之间时，难免会有"我的子女是不是比别人好"的心理压力。于是，在这种压力之下，就会想是否有一种很快的方法能使我的孩子分数变得很高，以证明我的子女是不输人的。

2. 学校的教育有很大的问题

以前我们不少学校还是搞应试教育，其目的不在教育孩子如何求

取知识，只是将无法渡过每个考试关口的人淘汰掉而已。

3.. 升学主义的缘故

而所有问题的背景全出于“如何使子女顺利考大学，在社会上取得成功”的心态。

在此提出一些适当的处理方法：

1. 没有所谓最好而又唯一的抚养子女的办法

每个人的生活背景不同，别人所采用的教育方法也不一定适用于你。父母应该衡量自己的生活环境、经济能力、工作以外的时间和精力、孩子与其他长辈的态度等方面来决定自己的教育方法。有趣的是，你用何种方式去教养子女，他们就会发展出一种相应个性与特质来，而这种与众不同的个性与特质，正是我们多样化社会所需要的！

2. 学会中庸之道

过与不及都不是好事，采取中庸之道是保持弹性的最好方法，可以避免僵化的管理。

3. 认识生活的意义与目的

人活在世上，就是一个不断寻找生命意义的过程。帮助子女找到他们所认识的生活意义和目标，在教养子女时是很重要的。

4. 要有成长的概念

子女是活的，不断在成长中。在各个成长的阶段中，鼓励孩子从各种不同的信息中去获得知识，培养他们独立汲取知识、分析知识、解决问题的能力，减少对老师的依赖。

5. 要有成本的概念

现今的补习班太多，在选择时要有“对孩子将来考大学有无帮助”的投资顾虑。

6. 孩子全面发展

以上是解决问题的大原则，父母们应根据自己的情况灵活把握。

# 孩子“不好”，也不能嫌弃

俗话说：“孩子是自己的好。”父母往往觉得自己的孩子比较聪明、懂事，因此对自己的孩子多有赞赏。正因为如此，我们中国人又有一句古话：“母不嫌子丑。”别人看来不好看或不聪明的孩子，在父母的眼中却总是聪明可爱的。

可是总有少部分父母恰恰相反，他们不但不去真正地关爱、鼓励自己的孩子，而是贬低孩子，甚至嫌弃孩子，不惜用负面的评语打击孩子的自信心。

这是一种令人痛心的行为。心理学研究表明，树立一个人的正面的自我意象 (selfimage) 是形成孩子的正面人格、良好行为的前提。毁坏孩子在自己心目中的形象是让孩子走上歧路，成为败家之子的重要原因。心理学研究认为，这种“说你行，你就行，不行也行；说不行，就不行，行也不行”的现象，其原因就是孩子长期受到这些话语的影响，就会在心里形成正面或者负面的自我意象，久而久之，就会固化成为他们的行为特点了。如果嫌弃孩子，他就可能因此自暴自弃，真的变成笨拙的孩子甚至坏孩子了。

孩子生性有喜欢读书的和不喜欢读书的，有天生会读书的和不会读书的。但父母们总是喜欢用同一尺度去要求孩子，只希望自己的孩子会读书。如果有两个孩子，则要求两个孩子个个都会读书。能够这样当然很好，而且这样的孩子不是没有。我就认识两个教师，他们两家都是两个女儿，个个都会读书，不要父母操心劳神，高中一毕业就都考上了自己选择的院校。但是与同学院的其他教师的子女相比，他们这两家的子女毕竟是少数。更多的是不读书的孩子，或者是只有一个会读书的，有一两个不会读书的。

少壮不努力，老大徒伤悲。小时候不读书，将来又能干什么呢?父母总是要求孩子努力学习，哪怕他们自己当学生的时候属于不喜欢读书的那种。好好读书是天经地义，无可厚非的，因而父母喜爱会读书的孩子也是十分自然的事。

但是事与愿违，许多孩子却并不懂得这个道理，也不懂得读书对他们的重要性，却把读书当作苦差，不肯读书，一心贪玩儿，认为童年本也正是好玩儿的时候。他们上课不听讲，下课打闹，回家不做功课，不交作业。在学校里老师批评，回到家里，自然也要受到父母的责骂。骂无法产生效果，父母在伤心之余，难免有些嫌弃，甚至骂出一些过头的气话："人家屋里的琳琳，成绩样样百分，只有你期期不及格，把我的脸都丢尽了！我不知道怎么会生出你这种孩子！"或者："你再要是不及格，你只有去死！"当然，骂归骂，实际上父母并没有真的这样想，而且自己心里十分痛苦。

不过我们要指出的是，像这种恶意的威胁肯定会刺激孩子的心理。

因为大部分小孩子自出生开始都有一种潜在的不安感，唯恐父母不喜爱自己。孩子一旦有了双亲嫌弃他或不喜爱他的感觉，精神上便会产生不安定感，甚至会发展成无法弥补的不幸事件。

对孩子不要强求，更不要拿自己的孩子去与别人会读书的孩子相比。这样只会使孩子更加抬不起头来，变得阴郁，或者逼他走向反面——憎恨！

总之，父母应时刻记住：父母的一句话是能对孩子产生莫大影响的。我们常听到的"你怎么这么笨"、"你的脑筋真差劲"这些责词的副作用很大，会使孩子自认为"脑筋差劲"，于是心灰意懒，什么事都不想做，更不想读书，对读好书没有信心。

所以不论是头脑还是容貌方面的缺点，都不应成为父母责骂孩子的题材。我们常见到这样一种母亲，那就是刀子嘴，豆腐心。是的，她们心疼自己的孩子，对孩子生活上关心备至。孩子在外面如果受了顽皮孩子的欺侮，她们会心疼得说不出话来，总要去讨一个公道。但是当她们自己的孩子不读书或不听话时，她们也什么话都骂得出，好像要骂了才痛快。因而她们时常骂些过头话："你怎么这么蠢呢？什么功课也不会做。你真是蠢死了！""这样蠢，还不如死了的好！真把我气死啦！"

骂过了，她自己气消了，对孩子又爱护如前。但是她不知道，也从未认识到她这种刀子嘴对孩子心灵的伤害有多大！所以，父母在责骂孩子时一定要冷静，要克制！

注意：父母要打持久战，不要犯冷热病。

日常生活中，年轻的父母常会因各种事情的影响而心理波动，心境、情绪不稳，并波及孩子身上。他们自觉不自觉地在心情好时，对孩子亲近爱怜、关怀备至；心情坏时，对孩子视如路人，或动辄训斥打骂，往孩子身上撒气。随自己的心情好恶变化而对孩子忽冷忽热，这就是所谓的"冷热病"。

"冷热病"的害处是：

1. 容易造成孩子的心情不稳定

孩子的心理容易受外界因素的干扰，父母心情的变化转而变成对孩子态度的变化，时间长了，会使孩子的心理不稳定，感情易冲动，脾气变化无常。

2. 容易使孩子优柔寡断

父母对孩子的态度不同，孩子不能完全明白。孩子没有做错什么事，却受到父母的冷遇或训斥，父母的反复无常会使孩子感到莫名其妙，有时又感到万般委屈，在父母面前无所适从。久而久之会造成孩子在言行上优柔寡断，遇事六神无主。

3. 容易使孩子对成人产生不正确的认识

父母对孩子时冷时热，往往使孩子认为大人们情绪古怪、不可信任、不值得尊敬，而疏远父母及其他人，看不起周围的成年人，容易养成孤僻、清高的性格。

“冷热病”如此有害，做父母的就应该注意少犯或不犯。不管自己的心情好坏、空闲还是忙碌，对孩子要一如既往，该指导的指导，该关心的关心，使孩子感到父母永远在爱着自己，关心着自己，从而给孩子一种稳定感、安全感和信任感。

# 别以孩子的一次成败论英雄

子女教育的一个误区是，父母怕孩子犯错误，更不允许和容忍孩子犯错误。这样，孩子从小就处在一个对错误的拒绝和恐惧中，一旦他们犯了错误，首先要面对的不是错误本身，而是不能容忍错误的父母，于是很难接受自己的错误。允许孩子犯错误，孩子才勇于改正错误，这时错误的经历已不是他的包袱，而成为他成长的财富。

有一位女士，由于对孩子管教比较严格，特别是对孩子的学习成绩特别在乎，搞得孩子特别紧张，加上她的亲戚对孩子很好，因此这个孩子一旦受到批评什么的，就跑到亲戚那里去躲避，甚至连家都不回。这位母亲说起这件事情的时候直摇头，觉得没有办法。

我们认为，其原因就在于她太过分地以成绩论孩子的成败了，结果是孩子在这种压力之下，反而觉得在家里没有亲切感，甚至觉得父母都不爱自己。

对于孩子来说，父母的爱是神圣的，而且这种爱的力量是非常强大的。这种力量是父母最宝贵的资源，可以用它来将自己的孩子引导到正确的人生道路上来。她的孩子“不挨边”，实际上就是让她的亲戚用关爱甚至物质的贿赂把孩子的“心”夺走了，从而使她失去了爱的缰绳，失去了对孩子管教的机会。

我们给她的建议是这样的：

1. 与亲戚坦率地交谈一次，让他们理解她作为孩子的母亲，需要“专有”这种对孩子的影响的重要性。

2. “反其道而行之”，暂时对孩子放低一点要求，更多地、平等地和孩子交流，得到他的理解，得到他的信任，得到他亲近自己的机会，再一步步地引导孩子。

我们认为，不见得要给孩子很高的期望、很大的压力他才会出人头地。因为孩子的期望压力不仅是来自父母，他的老师、同学、朋友都会给他压力。既然学校已经有很大的压力了，父母就不要再给孩子太多的期望压力，在家里让他放松身心，缓和紧张的情绪反而更好。

父母希望自己的孩子成才，对孩子的学习成绩通常十分重视。即使平时没有时间关心孩子的学习、辅导他们的功课，但每逢考试，不分大考小考，父母总要问一问成绩，看一看分数。孩子得了高分，孩子得意，父母也高兴，又是赞许，又是奖励。父母这样做，肯定孩子学习上的成绩，与孩子分享成功的欢乐，鼓励孩子继续进步是正确的，也是应该的。因为人都需要别人的关怀，需要鼓励，何况孩子？！

但是，有的父母一看到孩子的成绩不好，或是考试不及格，脸马上就沉了下来："怎么考得这么差？！真丢人！"或者："不及格，你的书怎么读的？真是蠢死了！"孩子没有考好，本来就有些着急和不好意思，甚至难受——羞耻之心人皆有之。因而，这时孩子最需要的是亲人的关怀，尤其是父母的关怀。如果这时父母能更加关心他，帮助他找出失败的原因，鼓励他从中吸取教训，努力学习，那么孩子也可能会奋发努力，赶上进度。反之，如果像前面所讲的那样一味指责，孩子只会更加悲观、失望，甚至内心很可能反抗："丢人就丢人，我笨，我学不好！"进而走上撒谎、涂改成绩的道路。这样的事不是没有，而是经常发生。

还有一种情况也是值得注意的，就是有些孩子别的成绩都好，偏偏主科成绩不好。我们就见过这样的孩子，于是孩子母亲说："虽然你的体育和劳动成绩好，得了满分，但是算术不及格，这有什么用呢？！"

主科比较难学，孩子算术不及格确实不能忽视，应该督促孩子努力学好，但对孩子在体育和劳动课上取得的优良成绩也应该肯定和赞许。而且体育和劳动要得满分，孩子也是花费了劳动和汗水的代价的。同时，孩子的体育和劳动好，使孩子有一个强健的体魄和热爱工作的习惯，对孩子今后的成长也是十分重要和有益的，父母应该给予充分的肯定。孩子畏惧困难或由于某种原因而没有学好算术、语文等主科，这当然是严重的不足。中小学教育是打基础的阶段，要求全面发展，平衡发展。因之，父母应及时指出，帮助孩子认识其重要性。

现代心理学家认为教导孩子的方法有两种：肯定成绩，发扬优点，鼓励再进；认识和矫正缺点。这两种方法各有各的效用，相互补充。前者即肯定成绩比较容易做到；而后者即要矫正孩子的缺点就不容易了——它既要求耐心，也要求爱心。这两种方法实际上是对子女教导的两个方面，不可偏废。

如果父母过于注意孩子的缺点（这里要说明一下，孩子是不可能没有缺点的，没有缺点的孩子是没有的，区别只是孩子缺点的大小），就会看不到孩子的优点，就会对孩子责备过多，以致夸大缺点，对孩子身心产生不良影响。因之，父母必须善于发现自己孩子的优点，并且诱导孩子发挥自己的长处，克服自己的短处。不论是体育课还是劳动课，只要是孩子感到得意的学科，或是孩子取得了优良的成绩，就应当予以肯定、称赞，使孩子对自己的能力产生信心，提高他们的学习兴趣。这样，即使是感到头痛的科目，他们也会有信心去努力学习了。

反之，如果父母亲忽略孩子感到得意的科目，而一味强迫他们去念成绩较差的课程，会使孩子对自己失去信心。因为有的孩子在主科学不好时，他们自己就感到有压力，很容易产生自卑感。而父母又拼命地逼他们学好，他们会越发对自己的能力感到怀疑，加深自卑感，最后甚至对所有功课都产生厌恶感："不行，不行。我反正什么也不行！"

相反，如果在孩子算术或语文考试不及格，感到沮丧和悲观时，父母能热情地鼓励他："不要泄气，我相信只要你努力，上课认真听讲，下课做好作业，就一定能学好，一定能考出好成绩。"孩子就可能会心情开朗，一心去克服算术或语文学习中的困难，走出低谷。

与此截然不同的是另一些父母，他们面对形势的变化，茫然失措。孩子沮丧、悔恨、悲观，父母埋怨孩子过去不读书。眼看同学在前面跑得远了，那些孩子的自卑感越来越重，可能后来也会几次参加考试，但次次落选。

这些事例有力地说明了在孩子对学习认识不足、不好好读书、考试不及格，或者受到挫折与失败时，父母应该按捺住自己心中的怨气和不满，而努力发现孩子的优点，肯定他过去的努力或成绩，鼓励他。

要帮助他克服弱点，战胜困难，不要泼冷水或专门数落孩子的缺点或过失，而应该帮助孩子从沮丧、悲观中走出来。

当然，对孩子也不能片面赞许和过分表扬。不能只因为孩子喜欢听表扬就一味迁就而表扬，无视孩子的缺点，容忍孩子的坏毛病。那样也会把孩子惯坏，使孩子听不得批评，经不起失败。

同时，要允许孩子失败。

孩子心理问题专家陶来恒教授认为，孩子需要从小塑造健全的人格，其中失败和挫折的磨炼都是必须经历的。

以孩子考试失败为例，下面是一段对话：

“妈妈，我这次又没考好。”

“你还好意思跟我说，这样下去怎么得了！好了，这次去肯德基就免了。”

孩子考试不好，由于害怕父母责骂甚至体罚，对考试失败中带来的学习上的问题就不可能认真对待，心思都放在如何过父母这一关上去了。如果父母能认识到考不好是孩子的权利，就可能有如下的对话：

“妈妈，我这次又没有考好。”

“是吗？那你一定很不舒服。”

“是的。”

“不着急，你一定会考好的。我们来看看问题出在什么地方？”

这时，孩子害怕父母的心情被打消，“没考好”成为他和父母都可以接受的事实，从而能以正常心理面对错误，进而改正错误。

# 不紧盯，孩子也能很优秀

家长都十分关心孩子的未来，在他们心中孩子只有好好学习，考上好大学才能出人头地、高人一等，这种思想已经根深蒂固，总是会将孩子的成绩与前途联系起来。如果发现孩子的学习成绩下降了，家长们便开始伤心着急，如果发现孩子的成绩有进步，那么家长便会无比开心。于是，为了让孩子学习成绩好一点，爸爸妈妈会紧盯着孩子的功课。

紧盯孩子的学习，对家长来讲可能会耗费很多的时间和精力。而对孩子来讲，他们会有一种被监督的感觉，从而很可能会对学习产生一种抵触情绪。所以说家长们要学会一种办法，既不用盯着孩子学习，又能够保证孩子考得好成绩，而最好的办法就是让孩子学会自主学习，引发孩子学习的兴趣。当孩子对学习产生兴趣之后，自然没有爸爸妈妈的监督，也会主动地去学习，并且，门门功课都会考得更好。

紧盯着孩子学习，除了孩子的成绩别的都不关心，这种状态已经成为当今家长的“通病”。有的家长更是厉害，不断地追问孩子有关上课、考试的细节，生怕自己一会儿不看着孩子，孩子的学习成绩就会下降。正因为如此，家长们宁可不做其他的事情，也要盯着孩子的功课，对于孩子的课业和学习那是绝对地尽心尽力，而对孩子涉及情绪、周边关系的倾诉却十分淡漠。这种“冷热不均”的状态，会极大地影响到孩子的健康成长和成熟。然而事实上，孩子的心情和情绪，以及和同学、师生之间的关系都对孩子的学习成绩有一定的影响。更重要的是，家长应该教会孩子主动地去学习，只有孩子懂得了主动学习，爸爸妈妈才不用天天盯着孩子。即便爸爸妈妈不盯着孩子的学业，孩子也会学习得很好。

有些家长或许会说："不每天了解孩子的学习成绩，不天天看着孩子写完作业，我不放心。"于是，在生活中就会看到很多家长下班的第一件事情就是询问孩子的作业，询问孩子的成绩，甚至会翻开孩子的考卷，对孩子做错的题进行批评，认为只有对孩子的功课进行严格地管教，孩子才会在学习上更加优秀，其实，爸爸妈妈们会发现，这样做的结果并不好，反而使孩子更加厌倦学习。

学习讲究的是一种兴趣，有了学习的兴趣会让孩子在学习上变得主动。如果孩子对学习提不起兴趣，那么不管家长们再费心，孩子的成绩恐怕还是会亮起红灯。

现代社会双职工家庭越来越多，白天爸爸妈妈都要上班。因此，家长为了保证对孩子的学习有一定的了解，在见到孩子后，第一句话往往是"老师今天留什么作业了"，或者是问"今天有没有考试？考了第几名"。似乎这样才能督促孩子好好地学习。在孩子看来，爸爸妈妈除了关心自己的学习和成绩之外，对自己毫不关心，自己每天在学校和小朋友们怎么玩的他们不会问，自己今天在路上看到什么、有什么想法，他们也不会问。于是，渐渐地，孩子会对爸爸妈妈每天的询问产生反感，甚至是产生一种抵触情绪，这样不但不利于孩子的成长和学习，反而会让孩子变得对学习失去兴趣。

阳阳最讨厌的事情就是放学回家的路上，因为每天妈妈都会来接自己，而每次在车上妈妈问的第一件事情就是"学习"。阳阳已经上了二年级，但是他的妈妈对每天的学习都要了解，而对于其他的事情从来不问。要知道他每天见到妈妈的时候，最想将当天发生的事情都告诉妈妈。比如说今天和小朋友玩儿了什么游戏，今天老师夸奖了自己，今天小名和小雷发生了矛盾，等等。

今天妈妈照常来接他回家，在车上又一次问起了阳阳的功课："阳阳，今天考没考试啊？"阳阳没好气地说道："没有。"而此时妈妈又问道："那今天老师留作业了吗？"阳阳没回答，妈妈又问了一遍，阳阳点点头。妈妈似乎看出了阳阳不开心，然后就没有再问。

这一次阳阳考试没有考好，只考了班里的第五名，平时都是第三名。因为这件事情，阳阳的妈妈很着急也很生气，然后更是对孩子的学习上心了，每天都会对孩子进行询问，并且还会给孩子增加作业。阳阳更加厌倦学习了，于是，在上课的时候，便开始不认真听讲，平时也不怎么爱说话了。渐渐地，阳阳的妈妈发现自己的儿子更是不好好学习了。

家长关心孩子的成绩本不是一件坏事，但是千万不要紧紧地盯着孩子的学习，不要将孩子的学习看作是一件每天必须完成的事情。要想孩子学习好，就要培养孩子的自主学习能力，让孩子对学习产生兴趣，这样一来，即便爸爸妈妈不盯着孩子学习，孩子也能够学习得很好。如果阳阳的妈妈能够考虑到这一点，那么阳阳也不会对学习产生厌倦的情绪。

生活中，爸爸妈妈怎样做才能让孩子主动地去学习，即便不紧盯着孩子的学习，孩子的功课也能够门门都很优秀呢？

1. 每天"小汇报"的内容要加点孩子感兴趣的内容

在孩子回到家中之后，爸爸妈妈不要急于问孩子的成绩，要先问问孩子在学校发生的事情，让孩子自己讲述今天开心的事情。孩子会将自己学习的情况自动地告诉你，与此同时，孩子会觉得爸爸妈妈是在关心自己，自然对爸爸妈妈的询问不再抵触。

2. 让孩子独立完成作业

在生活中我们经常看到有的家长会在孩子写作业的时候，坐在孩子身旁指手画脚，很害怕孩子会出错，也不希望孩子出错。其实家长根本没有必要这么做，要让孩子独立完成作业。即便是出现错误，也可以在孩子做完之后再给孩子进行指导，这样不但能够锻炼孩子学习的积极性，同时还能够让孩子养成独立学习的习惯。

3. 激发孩子的学习兴趣

孩子对学习会产生兴趣，才能够更加主动认真地去学习，所以说家长应该想办法激发孩子的学习兴趣，比如说可以在和孩子做游戏的时候帮助孩子去学习。当孩子对学习产生兴趣之后，家长不用紧盯着孩子，孩子也会门门功课都很优秀的。

4. 在孩子成绩进步的时候要夸奖孩子

当孩子考试有进步的时候，千万不要忘记夸奖孩子。当孩子考了好成绩之后，他们最希望的就是得到爸爸妈妈的夸奖，所以说在这个时候要记得夸奖孩子，让孩子明白只要自己好好学习，爸爸妈妈就会开心，从而孩子便会主动地去学习了。

# 九、为孩子代办一切就是对他好吗

家长们总是有操不完的心，孩子的举手投足，都给予详尽的指示，从生活习惯、活动的范围及方式，到读书的范围与方法、兴趣爱好，甚至到高考专业的选择、毕业工作的选择，爱人的选择，等等。然而，这却是对孩子权利的剥夺。父母包揽了本应孩子自己做而可能为孩子做的一切，把自己的付出作为孩子成长的一部分，而不是为孩子自身的成长创造条件。结果是扼杀了孩子作为权利主体的自我意识和独立意识。要知道，在孩子人生的舞台上，他们才是主角。为了孩子独立地精彩展示，父母要退到幕后，舍得放手，不仅是自身的解脱，更是对孩子权利的尊重。

# 大包大揽扼杀孩子的生存能力

生活中，很多父母总喜欢给自己的孩子无微不至的呵护，把孩子的事情都包办下来，一一为孩子做好。这些父母似乎不知道，我们教育孩子的最终目标是要让孩子能够适应他自己未来的生活。因此，日常生活中应当教导他们学会独立地生活，而不要总觉得他们这也不会那也不行。

七岁的天天要去参加学校组织的夏令营，天天非常兴奋，在家里又跳又叫，然而爸爸却很担心，他觉得这对天天来说太难了！才七岁的孩子就要离开家，在外面和同学老师共同生活五天，孩子吃饭不习惯怎么办？孩子走不动怎么办？孩子生病了怎么办？爸爸给天天的班主任老师打了电话，再一次请她路上多照顾天天，又吩咐妈妈给天天准备了几套衣服，连帽子、手套都带上了，生怕晚上气温低冻坏孩子。除此之外，他又在天天的包里塞了一些高级营养品，叮嘱天天不要饿着自己。在天天临出门时，爸爸又告诉天天要注意安全，要这样、要那样，一副没完没了的样子，弄得天天都有些不耐烦了。天天走后，爸爸还坐在沙发上发呆："一个小孩子怎么照顾自己啊！"结果两天后，不放心的爸爸开着车追到夏令营去了……

天天的爸爸是个慈爱的父亲，这一点毫无疑问，但却不是一个"好爸爸"，他过多地保护、过分地呵护只会阻碍孩子的发展，让孩子无法自立自理。孩子终究要独立生活的，为了让孩子能顺利地适应他未来的生活，父母们有必要大胆地让他们自己去照顾自己，不要让他们永远生活在自己的呵护里。

训练孩子的独立能力，家长们可以教导孩子从一些简单的工作着手，例如早晨起床自己穿衣、刷牙等。这些不仅是日常生活的步骤，它更能训练孩子自动地管理自己的行为，培养孩子的自立精神。

大人既要放手让孩子自己走出去，又要保证我们的孩子能够“安全出行”。一方面需要爸爸妈妈对孩子进行严格的训练，另一方面却不是“三分钟热情”能够解决的。比如，培养孩子一些简单的日常生活习惯，刚开始家长和孩子都会很热心地按计划实行，但是时间一久，一些家长就不耐烦了，这种对孩子缺乏长久性和一贯性的培养，反而会在孩子的性格中留下很多负面影响。

与父母过分的叮嘱和过分的呵护截然不同的教育方式是重视培养孩子的自理能力和自强精神。发达国家中的父母们，在教孩子独立自强这方面所取得的成功，尤其值得我们好好地研究与借鉴。

举例来说，在美国，家庭教育是以培养孩子富有独立精神、能够成为一个自食其力的人为出发点的。父母从孩子小时候就让他们认识劳动的价值，让孩子自己动手修理、装配摩托车，到外边参加劳动。即使是家庭富裕的孩子，也要自谋生路。美国的学生有句口号：“要花钱自己赚！”乡村家庭要孩子分担家里的割草、粉刷房屋、简单木工修理等活计。此外，还要外出当杂工，出卖体力，如夏天替人修整草坪，冬天帮别人铲雪，秋天帮人扫落叶等。在富足的瑞士，父母为了不让孩子成为无能之辈，从小就着力培养孩子自食其力的精神。譬如，一个十六七岁的女孩子，从初中一毕业就去一家有教养的人家当一年左右的女佣人，上午劳动，下午上学。这样做在中国父母看来似乎难以理解，但瑞士父母却认为大有好处。这样做一方面可以锻炼孩子的劳动能力，让孩子寻求到独立的谋生之道，另一方面还有利于学习语言。因为瑞士有讲德语的地区，也有讲法语的地区，所以一种语言地区的姑娘通常到另外一种语言地区的人家当佣人。其中也有相当多的人还要到英国学习英语，办法同样是边当佣人边学习语言。等他们熟练掌握了三门语言后，就去公司、银行或商店就职。长期依靠父母过寄生生活的人，被认为是没有出息或可耻的。

德国父母对孩子从小就培养他们自己的事情自己做，从不包办代替。法律甚至还规定，孩子到14岁就要在家里承担一些义务，比如要替全家人擦皮鞋、打扫房间等。这样做，不仅是为了培养孩子的劳动能力，也有利于培养孩子的社会义务感。而在日本，在孩子很小的时候，就给他们灌输一种思想："不给别人添麻烦。"并在日常生活中注意培养孩子的自理能力和自强精神。全家人外出旅行，不论多么小的孩子，都要无一例外地背一个小背包。父母说："这是他们自己的东西，应该自己来背。"而在中国却常常是父母帮孩子背书包。上学以后，德国许多学生都要在课余时间在外边参加劳动挣钱。大学生中勤工俭学的现象非常普遍，就连有钱人家的子弟也不例外。他们靠在饭店端盘子、洗碗，在商店售货，照顾老人，做家庭教师等挣得自己的学费。

比较一下天天爸爸"孩子太小，只能由我照顾"的教育方式，不知中国父母做何感想呢？家长们都应该明白，你们是无法照顾孩子一辈子的。

真正疼爱孩子的好爸爸、好妈妈，应该关注的是孩子将来是否能自己应付外面的世界。将一个在父母庇护下，毫无自我生存能力的青年推入未来的社会是最为残忍的事，也是爱孩子的父母不忍看到的结局。想使孩子能成功地走入外面的世界，必须从小开始培养自立与自信。如果我们替孩子做所有的事，便不能达到这一目的。在这样的抚养下成长起来的青年，外表人高马大，内心却是畏畏缩缩，缺乏勇气。这样做使他丧失了自信和勇气，也使他感到不安全，因为安全感是建立在能够用自己的能力去对付处理问题的基础上。我们这种自以为无私的行为，剥夺了孩子发展自己能力的权利，但这恰恰是孩子成长最珍贵的要素。

家长们要记住，但凡孩子能独立完成的事就不要替他去做，就好像要让孩子学会走路，你得先放开手一样，当然，一旦决定“放手”了，就要坚持下去，不要看到孩子做不好事情就又去插手。

## 过度保护会让孩子弱不禁风

与外国父母相比，中国的父母们总是显得有点太过小心翼翼，他们给缺少生活经验的孩子准备好了一切事情，生怕孩子受到挫折。然而父母能一辈子这样照顾孩子吗？孩子在成长过程中总会碰到各种各样的挫折，到那时这个脆弱的孩子又怎样自己渡过难关呢？因此父母要鼓励孩子从小就勇敢地面对挫折，让他们成为生活中的强者。

只有让孩子从小经受一些挫折，日后他们才能独立战胜生活中的挫折，从容地走向成功。要知道，人的抵抗力、免疫力是一步步增强的，从无菌室里走出来的人，往往是脆弱的，他们抵抗不了细菌的袭击。所以，家长们应该对“太顺”的孩子进行一些“挫折教育”，帮助孩子树立坚强的信念，无论顺境逆途都能坚强面对。而父母们首先要改变原来的教育态度，让孩子走出大人的“保护伞”，不要怕孩子摔着、碰着、饿着、累着，孩子摔倒了鼓励他自己爬起来，不能为孩子包办一切，孩子的事情让他自己做，自己解决力所能及的问题，如要玩具自己去拿，衣服、裤子自己穿。在家庭生活中，要安排孩子做一些力所能及的事，切不可把孩子成长过程中的困难都解决掉，把他们前进的障碍清除得干干净净。

家长们应该看到这一点，当你替孩子解决麻烦的时候，也便剥夺了孩子自己体验成败的机会，从而也纵容了孩子的依赖性，让他们无法从生活中体验战胜挫折后的自信。人在一生中将会遇到很多困难，父母不能永远充当孩子的保护伞，因此，当孩子遇到困难不知所措时，爸爸应该鼓励孩子勇于面对困难，让孩子转动脑筋，充分利用智慧自己去解决，而不是亲自动手为孩子扫平道路。用你的鼓励，从小培养孩子直面挫折的意识和坚强地承受挫折的能力，方能有效地激发孩子生命的能量，使他们的自信心、创造力在危急与困难时刻发挥到极致，增长孩子竞争取胜的才干和驾驭生活的能力，而父母也少了许多不必要的麻烦。

适度的挫折对孩子的健康成长是有益无害的，孩子面对挫折所表现出来的坚强和勇敢，正是他们日后走向成功的资本。因此爸爸妈妈不妨放开你们的手，让孩子自己去面对生活中的一些挫折。

## 让孩子经历风雨

爱孩子就要培养他独自面对一切的能力，千万不要让孩子对家长产生严重的依赖心理。因此，父母们应当从小培养孩子的独立意识，不妨让孩子吃点苦、经历风雨，这样孩子才能成为一个独立的有用的人。

瑞克是个活泼的男孩子，他非常喜欢参加学校组织的各种活动。

一个周末，瑞克的老师组织同学们去郊游，当瑞克赶到学校时，他的老师不让他参加班级的这次活动，因为他忘了带父母签字的同意书。瑞克感到非常气愤，当他回到家时，就对妈妈说："妈妈，你必须开车送我去 41 区参加活动，不然我会不开心的。"

"瑞克，我知道你很想去，我也希望能够帮你，但让我开车送你去是不可能的。因为我有工作要做，而且要去参加郊游是你的事。"妈妈回答说。

"那怎么办呢？"瑞克低着头小声说道。

妈妈看了看儿子，说："你可以乘公共汽车去呀。"

瑞克摇了摇头："不行，那样太麻烦了，因为我必须换乘好几趟车。"

"哦，你是说你已经决定不乘公共汽车了，对吗？"妈妈平静地问道。

瑞克接着又发了几分钟牢骚，诉说他的不幸，然后就走出了房间。当他再次回来的时候，他兴奋地对妈妈说："我已经找到了一辆直达山区的公共汽车，根本就不需要转车。"

就这样，妈妈开车把他送到了公共汽车站。

我们可以想象一下，瑞克在赶上郊游队伍之后该有多么高兴，因为他凭借自己的能力解决了问题，而在这件事情中起到关键作用的妈妈也是非常令人佩服的。在了解儿子的困难后，她本可以开车把儿子送到山区，但她没有这样做，而是坚持让儿子自己坐车去山区，锻炼了孩子独立处理问题的能力。

生活中我们常说，自己的事情要自己解决。哪怕你完成得没有别人好，那也是你自己的劳动成果。这一次也许会做得不好，但下一次就会好一点，经过这样一次次地努力，最后才能做得完美。如果总是依赖别人，那么你的一生将始终与贫穷和低声下气为伴。孩子有了自己的能力和地位后，与家人和社会的沟通才会变得更容易，才更能适应周围环境的变化。

现代家庭里的孩子大多是独生子女，是泡在"蜜罐子"里的一代，许多事情都由大人包办，衣来伸手，饭来张口，孩子在这样的环境中很容易就会失去自己的独立性，这无疑会对孩子以后参与社会竞争产生不利影响。因此，父母一定要从小就开始鼓励孩子独自去完成一些事情，以培养孩子的独立能力。孩子们应该成长为一棵独立支撑、独当一面的大树，而不是靠大树遮风挡雨、经不起风吹雨打的脆弱小草。

戴维·布瑞纳出生于美国一个中产阶级家庭。当他中学毕业时，许多同学的家长都给自己的孩子一份厚重的毕业礼物，有的是新服装，有的是旱冰鞋，有的甚至得到了新轿车。当戴维兴奋地问父亲自己可以得到什么礼物时，父亲却慎重地递给他一美元，并语重心长地说："用它去买一张报纸，一字不漏地读一遍，然后在分类广告栏目，找一份工作。自己去闯一闯吧，它现在已经属于你了！"

"什么？！这怎么可……"戴维的神情中有着明显的失望，还有对自己能力的担忧。

"儿子，你已经中学毕业了，爸爸相信你的能力，相信你能靠自己的双手赢得你该得到的。"戴维的父亲鼓励儿子道。

父亲的信任与鼓励，让小戴维终于鼓起了勇气，在那个假期里他赚到了第一份工资。从那以后，他学着不再依赖父母，自己独立处理遇到的事情。也正是这份独立意识加上不断地努力，让戴维成为了美国最著名的喜剧演员之一。

成名之后，戴维对朋友感慨地说："我一直以为这是父亲跟我开的一个天大的玩笑。几年后，我去部队服役，当我坐在伞兵坑道里认真回忆我的家庭和我的生活时，才意识到父亲给了我一种什么样的礼物。我的那些朋友得到的只不过是轿车或者新衣服，但是父亲给予我的却是整个世界。这是我得到的最好的礼物。"

表面看来戴维的父母对孩子似乎有点残酷，然而这种"残酷"里却藏着父亲对儿子用心良苦的爱和深深的期望，因为他知道在孩子年少时培养他处理问题的自立能力、积累丰富的人生经验，这才能为孩子日后的成功奠定良好的基础。

人的一生就像在攀登无数台阶的山峰，对于孩子如何面对和攀登这些人生的台阶——学习、工作和生活，父母的做法不尽相同，有的牵着手、搀扶着上，有的抱着上……不同的父母会有不同的做法。但是结果很明显，被家长牵着、搀扶着的孩子，对父母有很强的依赖性，常常把父母当成拐棍而难以自立；被家长抱着上台阶、揽在襁褓里的孩子，会成为“被抱大的一代”，不经风雨，不见世面，更难立足于社会，更别说大有作为。只有那些在父母鼓励下，独立攀登的孩子，最终才能攀上光辉的顶点。

在美国，经常可以看到一些孩子在校园里拾垃圾，把草坪和人行道上的报纸、冷饮罐收集起来，向学校换取一些报酬。他们一点儿也不觉得难为情，反而为自己能挣钱而感到自豪。有的家庭经济很富裕，但在孩子八九岁时便鼓励他们去打工、送报，挣零花钱，目的是培养孩子自力更生、勤俭节约的习惯。美国富豪洛克菲勒就是其中之一。洛克菲勒很小的时候就开始靠给父亲做“雇工”挣零花钱，平时清晨他便到田里干农活，有时还帮着母亲挤牛奶。为此，他专门有一个用于记账的小本子，将自己的工作按每小时 0.37 美元记入账，然后再与父亲结算。他做这件事做得很认真，因为他感到既神圣又趣味无穷。而洛克菲勒的第二代、第三代乃至第四代，也都严格照此方法教育孩子，而且还要定期检查他们做事的效果，否则，谁也别想得到一分钱的零花钱。

洛克菲勒家族让孩子这样做当然不是因为吝于给孩子零花钱，也不是父母有意苛待孩子，而是通过这种方式鼓励并培养孩子艰苦自立的品格和勤劳节俭的美德。那小账本上记载的不仅仅是孩子打工的流水账，更是孩子接受考验和磨炼的经历！

家长不能总是把孩子关在自家的大门之内，像老母鸡那样，时时刻刻都把孩子拢在自己的身边。那样，他们就永远学不会独立活动、独立生活和独立处理问题、解决问题。应当打开家庭“城堡”的大门，把孩子放到社会生活中去，以社会为“课堂”，以社会生活为“教材”，向社会学习，向实践学习，在社会实践中增长见识，开阔眼界，经受磨炼，增长才干，提高适应社会生活的能力。

“不经一番严霜苦，哪有梅花扑鼻香”，真正爱孩子就要放手让孩子独立闯荡，这样孩子才能在风雨磨炼中成为有用的人才。

## 培养孩子独立生活的能力

其实，孩子们有一种天生的主动性，他们很小的时候就有干一些事情的欲望，可是生活中太多的父母却都放不开手，担心孩子做不好、会伤害自己，结果他们的“好心”压制了孩子的主动性，让孩子变得懒惰无能，处处依赖父母。

父母们应该知道，孩子们从一降生到这个世上起，就充满了强烈的参与欲望，希望能加入到这个社会中，同别人一样能够做许多事，这是孩子寻求自立的重要过程。这种欲望便是学习的动力，是一种可贵的探索精神。

我们应不断地培养孩子们的独立自主能力。我们应当在他们一出生时就开始这样做，并持续到他们成人为止。生育一个孩子是十月怀胎的事，而培养一个孩子将会用一生的精力。我们相信自己的孩子会茁壮成长，我们应当用这种态度去解决和处理孩子成长时期的每一个问题。我们的孩子需要鼓励，需要我们尽全力帮助他们发展和保持这种勇气。

有一天，妈妈发现两岁的鲁尼正试着把妈妈掉在地板上的长裙塞到整理箱里，于是她开心地把鲁尼抱了起来，并决定让鲁尼做自己的助手。

“宝宝，地上有一张纸，帮妈妈捡起来放到垃圾桶里去。”

“宝宝，妈妈现在很忙，你自己学习把玩具整理好，好不好？”

鲁尼上完小学后，妈妈分配给鲁尼的任务就多了许多，也不再是简单的工作。“鲁尼，你是我们家的男子汉，去超市买两桶油吧！”

鲁尼中学毕业后，到纽约上大学去了，妈妈在电话里问他：“有什么不习惯的地方吗？妈妈可以帮你做什么呢？”

鲁尼在电话中回答：“除了想妈妈之外，没有什么不习惯的，我会照顾好自己！”妈妈知道自己的孩子已经具备了很好的独立生活能力，是一个有责任感的孩子，内心真是幸福无比。

我们常常会听到父母说孩子独立能力太差。比如“我像你这么大的时候，早就……”言外之意，孩子不仅不如当年的父母，长到这么大还是一个什么都不会，处处需要父母照顾的孩子！

事实上，在我们的生活中，也不缺乏这样的一些孩子。有的孩子上了高中，甚至考入了大学，仍然缺乏应有的独立能力，报纸甚至报道过一个大学生因为无法独立生活而退学的事。

同样的孩子，为什么有的孩子行为果敢，独立生活能力很强，而有的孩子则遇事犹豫不决呢？这与我们的教育有关。

教育学家指出，在孩子两三岁的时候，随着孩子生理结构和功能的发展以及能力的增强，开始出现独立意识的萌芽，这时候孩子非常希望自己尝试和参与成人的活动，家长就应该引导孩子去做他们力所能及的事情，让他们在日常小事中体会到成功的喜悦，从而增强自己独立处理事情的自信心，这样在以后遇到更大的挑战的时候不至于不知所措。可以根据孩子的年龄，交给孩子一些易完成的任务，通过劳

动使其懂得要尊重他人的劳动成果，逐渐形成义务感、责任心，并且在独立完成家长交给的任务的过程中，培养孩子的独立性。

有一位妈妈，在带三岁女儿乘车的时候，一定要把买票的钱交给女儿，让女儿帮她买票。这位妈妈的做法相当不错，买票只是很简单的事，但却会提高孩子做事的信心，增强孩子的独立性。

当然，培养孩子的独立生活能力不是一件简单的事，这既需要父母的慈爱之心，也缺少不了严格的独立生活能力训练。对孩子的培养要从小做起。当然一开始不能对孩子要求太高，但生活的自理能力却是非要独立不可的。这是为孩子制定成长目标的重要内容。为了实现这一目标，要长打算，短安排。孩子被送到幼儿园，半托或全托，孩子可能会哭闹不休，备感委屈，无论怎样，父母都要忍下来，没别的，目的就是让孩子接受锻炼。其次，父母要加强在日常生活中的指导训练。一两岁的孩子，就可以让他自己吃饭，自己收拾玩具、图书；到三四岁时，就要教孩子做一些力所能及的事情，如穿衣、系鞋带等。孩子上学后，父母要教给孩子如何安排时间，教孩子怎样上闹钟，怎样准备早点，以及科学的学习方法等。另外，要创造机会，让孩子在实践中培养能力，从事一些为家庭和班集体服务的劳动。能力的培养是一个反反复复的训练过程，是一个需要不断强化的过程，要多鼓励孩子，决不要因为出了点问题而中断训练。家长应积极支持孩子自己动手做事的愿望，不要怕孩子干得慢、效果差，也不要因为怕麻烦而剥夺孩子从小动手的机会，为了达到培养孩子独立生活能力的目的，应该让孩子经受一定的挫折体验。总之，孩子的独立能力关键在于后天的培养和训练。

希望孩子在自主活动中一帆风顺是不可能的，父母应当“狠”下心来，让孩子学会照顾自己，只有富于自立精神的孩子才能成长为使自己幸福的人。

# 把孩子的梦想放飞

俗话说得好，“心有多大，舞台就有多大”。每一个小孩子都有梦想，也许梦想实现的可能性很小，再或许它只是一个妄想。不管怎么样它都可以照亮孩子们的心灵，使他们的心中憧憬的全是最美丽的画面，并且将引领他走向一个又一个的成功。

然而梦想的实现要有丰富的知识。我们生活在知识的时代里，知识就是最大的财富。各行各业都需要有专业人士来领导，专业人士就需要知识。一个人要想实现他的梦想就要有知识。知识的获得途径有好多种，最主要的就是在学校的学习。学校有专业人士按照国家的发展要求，有目的地培养相应人才。

现在，除了学校的课程以外，小孩还会上一些课外辅导班。这也是获得知识的重要途径。

但对于增加孩子的知识量，家长们不要一味地以自己为中心，自己想学什么，自己小时候想学什么没学成，现在都压到他们身上了。这样会引起孩子的反感，不但学不到东西，还浪费时间。但是，如果小孩喜欢学什么，爸爸妈妈一定要在后督促，当他们想放弃时，要起到推动孩子向前走的力量，不能让他们半途而废，这样梦想才够坚固。

在美国一个小镇上，有一个小男孩，他的父亲是一位非常了不起的马术师，他非常钦佩自己的爸爸。由于马戏团要四处演出，所以这个小男孩从小就跟着自己的爸爸东奔西跑，一个马厩接着一个马厩地到处演出，导致他的求学过程不是一帆风顺。上小学的时候，他的语文成绩不太好，尤其是作文。于是爸爸想考考他，看看他的梦想是什么，就让小男孩写一篇作文，并告诉他认真思考后再动笔写。对于作文不好的小男孩来说，这无疑是一份艰巨的任务，但是听到爸爸说以“长大后的志愿”为题目来写作，小男孩格外地高兴，露出甜甜的微笑，心想：“这不正是自己在考虑的事情吗？”

回到家以后，吃过晚饭，他就在自己的房间开始了他的写作。他写得非常快，把自己的想法观点一一详细地描述出来。整整写了七张纸，才把自己的宏伟大志详细地描述完。他的愿望就是想拥有一座属于自己的牧马农场。在这篇作文中，他还为自己的农场画了一张详细的设计图，农场占地有 200 亩大，并在设计图上用不同颜色的笔标出了马厩、跑道等场所的位置，最后在这一大片农场的中央，建造了一栋占地 4000 平方米的大豪宅来居住，这份设计图可以说是他的心血之作。第二天一早他就把设计图交给了爸爸，过了两天以后爸爸把作文还给了小男孩，小男孩非常高兴地接过作文纸翻看着，最后看到一个又大又红的大“F”，旁边写着一行字：“等我晚上回来再详细地跟你说说。”这一整天小男孩都心不在焉的，一直在想：“爸爸究竟要跟我说什么啊？”

爸爸回来后，小男孩赶紧跑到爸爸房间问道：“爸爸，你让我等你回来，要跟我说什么事情啊？”爸爸回答道：“你现在年纪还很小，好多东西都不清楚，不要想一些不可能的事情。你现在什么都没有，尤其是钱和家庭背景。盖一座农场需要投入很多的资金，而且是个大工程，你得花钱买地，花钱买纯种马驹，花钱雇人照顾它们。不要太好高骛远了，根据自己的情况而定。”爸爸还说道：“你再好好想想，重新写一个不是太离谱的愿望，再拿来给我看看，好吧。”

从爸爸房间出来，小男孩回到自己的房间，躺到床上盯着天花板，脑子里反复思量着爸爸说的话，想来想去又跑到爸爸房间向爸爸求助。爸爸也没说什么具体方法，只是告诉小男孩：“儿子，这是一个很重要的决定，你必须自己拿定主意。”经过再三考虑以后，小男孩决定不再重新写，把原稿交回，并且一个字都没有改动。他还告诉爸爸：“即使你给我个 F，我也不愿意放弃我的梦想。”

从那之后小男孩阅读了大量有关书籍，在十几年之后，小男孩长大了，并且将自己小时候的梦想变成了现实。爸爸说他好高骛远，还让他放弃自己的梦想，现在爸爸快乐地住在儿子的农场里享清福，偶尔还会想起以前对儿子说的话，对儿子说道：“你小时候爸爸那么说你，伤害了你的信心，还想要你放弃梦想。现在想想，爸爸太过分了，还好你坚持自己的梦想，不放弃，通过坚持不断地努力，梦想终于成真了，还这么优秀，爸爸以你为荣。”

梦想，无论是否能够实现，都是梦想，它与理想有一定的区别之处。只要是小孩子的梦想，就一定是世界上最具有价值的珍宝，它将带领孩子们充满憧憬地去面对学习中的任何一个困难。家长的支持与肯定对孩子梦想的发展方向起着决定性的作用，无论如何，都应该要珍视孩子的梦想。

毫无疑问，一个拥有梦想的孩子是快乐的、满足的，实现了他的梦想他会更加快乐兴奋，那么爸爸妈妈怎样才可以有效地帮助他们增加知识涵养，使他们更快更好地实现自己的梦想呢?

1. 孩子的梦想再天真也不要冲孩子泼冷水

他们正处于童真时期，天真烂漫，觉得什么东西都新鲜好奇，看到什么都想要，还想知道这是怎么做成的，并且希望自己可以拥有它。这正是他们的梦想，简单快乐，但是很有价值。面对他们提出的奇奇怪怪的要求，不要一口回绝，应尽量去配合，这正是他们拥有梦想的表现。所以爸爸妈妈应心平气和地跟他们交流，而不是用一盆冷水将他们的梦想浇灭。

2. 告诉孩子，世界上没有什么是不可能的

一切皆有可能，任何事物都是在不停地变化的。人会慢慢变老，

秋天树叶会变黄飘落下来，这都是自然规律。要让孩子尽可能地感受到事物的变化，通过这些让他们知道自己的梦想也会实现的。父母可以带他们到科技馆看看，利用科技馆中的高科技让他们亲眼看到，世界在不断地变化着，相应地，事物也在变，梦想最终会实现的。

3. 与孩子共同探讨研究梦想

爸爸妈妈可以和孩子一起做实验，比如你想喝杯自己做的果汁，可以自己先找些材料，按照材料来做成果汁，最后就喝到自己亲手做成的果汁了。任何事物发生变化之前，一定有必需的条件的，只有在他们需要的条件下才会转变成功。爸爸妈妈要经常和孩子在一起谈论梦想，尤其是孩子的梦想，让他们感受梦想是如此的美妙至极。爸爸妈妈与孩子更可以一起来研究一下梦想实现的必要条件以及努力的方法，与孩子共同实现梦想。

# 让孩子学会保护自己

不少父母对孩子过于关爱，正如俗话说的“含在嘴里怕化，放在手里又怕飞”。不管相信不相信，愿意不愿意，孩子总有一天是要离开父母的，特别是随着社会生活和人际关系的日趋复杂，孩子必须自己去面对整个纷繁复杂的大千世界，所以我们必须注意提高孩子的自我保护能力。只有孩子具备足够的自我保护能力，父母才能最终放心安心。

孩子具备必要的自我保护能力，这是孩子的健康人格所必需的，其主要方法是：

1. 让孩子知道不要跟陌生人走

孩子是天真而纯洁的，他们还不了解社会中除了美好的人与事之外，还有丑恶的一面。然而，让一个小孩子辨别复杂现象中的真伪，也是不可能的。为了孩子的安全，父母要教他们最基本的常识和自我保护的方法。

教孩子不和陌生人走，首先要向孩子说明这样做的原因。告诉孩子，社会上有人骗小孩去买卖，被这些人骗走后，再也找不到父母，回不了家，还会挨打、挨骂。

父母还可以给孩子介绍一些拐卖儿童的事例，给孩子读报纸上的报道，让孩子看电视的有关报道，使孩子具体了解被拐骗的后果。

教育孩子不和陌生人接近，不要吃陌生人给的东西，并且要养成这种习惯。

这种教育要经常进行。父母可以抓住社会上这方面的事例反复讲给孩子听，使孩子有深刻的印象。

2. 让孩子知道怎样回家

父母带孩子外出逛商场、去公园等，有时会出现孩子走失的现象。为避免这种事情发生，父母要照顾好孩子，不要让孩子离开身边，即使在人少的开阔地方，也不可让孩子走出自己的视野。与此同时，父母还要教育孩子时时不要离开大人，能主动地跟随大人，并让孩子记住大人身上的突出标志。

为了预防万一，父母很有必要教会孩子走失后怎么办。

父母可以给孩子讲有关儿童走失后如何寻求帮助，最后找到亲人或回到家的故事，还可以和孩子讨论怎样做更好。

父母还可以给孩子出题，让孩子解答。比如，父母可以让孩子回答，如果在商场找不到妈妈了怎么办，如果在大街上找不到爸爸了怎么办。帮助孩子明确在遇到困难的时候，应该找什么人，不能去找什么人。

教孩子记住回家的路，这是比较重要的。父母带孩子出门的时候，要有意识地让孩子记住自己家附近的路名、路上的主要标志等。还可以在回家的时候，或到了熟悉的地方时让孩子带路。

教孩子记住父母的姓名、家庭地址。三岁左右的孩子已经可以不吃力地熟记儿歌、小故事等，所以记父母姓名和家庭地址是不会太困难的。父母要反复告诉孩子记住这些重要的东西。

父母可以把自己的姓名和家庭地址写在纸条上，放在孩子的衣袋中。但是要让孩子知道，这纸条只能给警察等信得过的人看，不要乱找人。

3. 告诉孩子不给陌生人开门

孩子都很好动，更喜欢帮助父母做事。无论是电话铃响还是有敲门声，孩子常常都会抢在父母的前面去处理。这是好事，但是其中却藏有隐患，这就是孩子喜欢给人开门。盗贼常常骗小孩开门，然后入室行窃，这种事情屡有发生。

为了提高孩子自我保护的意识和能力，父母要告诉孩子不能给陌生人开门，并教会孩子听到敲门声该怎么办。例如，先问："你找谁？"再问："你是谁？"最后说："请你等一等，我去喊爸爸或妈妈开门。"除非来客是自家人，都不要让孩子自己去开门，要让孩子知道：家中没有大人时，绝对不给陌生人开门。

为了让孩子了解不给陌生人开门的道理，父母可以给孩子讲些这方面的小故事，读一些报上有关这方面的报道。

为了巩固和加深孩子的印象，当孩子按照要求去做，父母要及时地予以肯定，强化孩子的这种意识。

# 十、也许你只是在“养”孩子，而不是在“教”孩子

有些家长在养孩子方面花的心血，绝对是数一数二的。从孩子一出生开始，他们便在这方面投入了极大的精力，今天怕孩子缺锌缺钙，明天怕孩子吃亏受屈。他们觉得父母的责任就是供孩子吃、喝、穿、住，把孩子养大就行，至于教育孩子，那是学校和社会的事。他们的爱，只停留在养的阶段。但要知道，爱孩子，那是连母鸡也会做的事，而真正要教育他们才是一件大事呢。

# 谨防孩子的心理受到污染

在认知、情绪、性格、社会品德和生活习惯等方面，孩子可能经常出现不适应环境与社会的不良心理，其表现为认识混乱、情绪异常、品德偏差和行为失控，严重者还会出现生理疾病。因此，父母要特别注意孩子的心理健康。

在一个家庭中，如果父母或其中一方有心理不健康问题，就容易构成不健康的心理气氛，形成特定的心理环境，并对其子女产生影响，从而对子女的心理造成污染。

健康心理的污染其主要表现如下：

1. 认知方面的“心理污染”

父母不健康心理往往表现出认识混乱。比如歪曲现实，看法过于偏激，秉持错误的价值观、消极的人生观和世界观。父母这种不健康的思想观念和认知方式很容易对其子女的认识过程和思想观念产生污染。比如，有的父母“金钱万能”、“利益至上”的错误思想对子女产生“污染”后，导致孩子在学校采取不合理行动。

2. 情绪方面的“心理污染”

父母不健康情绪表现为对人对事不正常的态度和情感，甚至产生过度焦虑、敏感、多疑、担惊受怕、烦躁不安等。这些不健康情绪常常影响其子女的思想感情，随着时间的推移，有的子女在处理事情时就会不知不觉地与其父母具有“同感”和抱有同样的态度。

3. 性格方面的“心理污染”

父母心理不健康在性格上表现为对人粗暴，遇事爱发脾气，或表现出畏怯退缩、抑郁、孤独和过分软弱、怕事等。这种性格如果在家庭中经常处于主导地位，就会直接影响孩子良好性格的形成。

4. 社会品德方面的“心理污染”

父母心理不健康更多地反映在社会品德方面，表现为不诚实、造谣、偷窃、做事不择手段等。这些品德极易被那些缺乏辨别能力和难以抵挡诱惑的孩子所接受。例如，有的父母常从单位拿东西回家，还扬扬得意，结果成了子女捡到东西不还或进行偷窃活动的根源；有的父母在同事或领导面前说谎话，还自以为高明，而子女又模仿其办法欺骗父母和老师。

5. 生活习惯方面的“心理污染”

父母要有正确的世界观和价值观，正确处理个人与他人、社会的关系。同时，要形成良好的心境，使心理上有轻松感和快乐感，从而减少心理冲突，避免各种“心理病变”。这样，就可以消除和避免对子女的“心理污染”。

父母是孩子的第一任教师。良好的教育方法、良好和谐的家庭气氛对孩子的心理成长是十分重要的。1 ～ 2 周岁的幼儿没有辨别事物对错的能力，因此父母要逐一地告诉孩子什么是对的，什么是错的，什么事情能做，什么事情不能做，要鼓励孩子去探索，做对的要给予言语的鼓励，做错的要讲明道理，让孩子知道错在哪里，从头再来，直到把事情做好为止。

对孩子合理的要求要尽量去满足，对不合理的要求要讲明道理，坚决拒绝。一切顺从孩子的意愿、溺爱或粗暴苛求都会对孩子的心理发育产生不良影响。对幼儿耐心地讲道理是件十分有意义的事，幼儿虽然对父母讲的道理可能不甚明了，但长此以往，孩子就会逐步明白这些道理。遇事给孩子讲道理对培养孩子平和的心态很有好处，在孩

子长大后，他也会以讲道理的方式去处理问题。

当然，很多父母一味纠正孩子外在的偏差行为，那只会导致与子女的疏离。因此，当孩子们需要理解时，尤其在他们闹情绪时，父母更要理解他们、同情他们，真心诚意去帮助他们，这样才能平息他们的情绪，收到好的效果。当然，施教要因人而异，不可千篇一律。

## 让孩子明白，不是什么都能用钱买到

对于孩子来说，越早学习理财，就会越早具备理财能力以及掌握获取财富的技能，从而在竞争越来越激烈的现代社会中，更易、更快、更早地获得成功。但拥有正确消费观、经济独立的孩子更让人喜欢。尽管钱很重要，但家长要指导孩子守护比金钱更重要的品行，树立良好的金钱观。

家长要想教育孩子，让他明白不是什么都能用金钱买来，那么首先应当让孩子知道，金钱的重要性。可以说，在当前这个社会中，金钱是社会运转的润滑油。被誉为日本经营之神的松下幸之助有一个生动的比喻：金钱对于社会的作用如同机器上的润滑油。正如机器要运转、汽车要跑路离开润滑油是不行的，但润滑油表示他们追求的目的。机器运转、生产产品、汽车到达目的地，这才是人们追求的目标。松下说：“为了使达到工作的目的更加有效率，就必须有润滑油，所以说，金钱是一种工具，最主要的还是提高人们的生活。”

但是，金钱有用，不等于万能。教育专家警告父母，要让孩子铭记拿破仑·希尔的忠告，切勿因金钱而丧失自由，丧失人格，要建立完善的人格，才会享受到金钱的快乐。因此要告诉你的孩子，仅仅成为一个富人还不够，还要成为一个健康的人，快乐的人，一个享有完美人格的人。

一天，班主任为了看看孩子们对未来有什么想法，于是，就让同学轮流发言，说说自己未来的理想是什么。班上的小同学们纷纷举手，想第一时间说出自己的理想。

“我想当科学家！”

“我想当球星！”

“我想当明星！”

“我想……”

……

班上同学们的回答都很积极，这让老师非常高兴。可是，等到同学们都逐个发言完毕后，她却发现燕燕迟迟没有说话。于是她问道：“燕燕，你怎么不说自己的理想是什么呢？”

这个时候，燕燕才慢慢悠悠地站了起来，说道：“他们的那些理想都太不切实际了，什么科学家、球星的，根本都不现实！我没有什么特别的理想，我的理想就是钱！我希望将来自己有很多很多的钱！”

老师听到这里，不由愣住了片刻，而同学们更是笑成了一团。

燕燕看着同学们放肆的模样，不由生气地说：“你们，你们笑什么笑！将来你们就明白，现在我的选择才是对的！”

老师不知道该如何与燕燕沟通，于是，就把她的爸爸叫了过来。当着老师和家人的面，燕燕依旧是趾高气扬：“同学们都笑我，那是他们笨！现在这个社会，哪个环节不需要钱？爸爸，你和妈妈聊天时，不也总是说没钱买这、没钱买那吗？还有老师，你上课时不也说，没有钱，这个学校都没有办法继续维持。所以，我觉得，其他的理想都没有用，只有钱，才是人生奋斗的终极目标！”

燕燕的爸爸听了这样的话，就在心里想：真的是想不到，孩子的拜金主义心理如此严重，以至于忘了什么才应该是应有的理想。对于此，我难逃其咎，可能正是由于我平常不注意言行，才让孩子认定除了金钱之外，其他的都没有什么用处。唉，亡羊补牢为时不晚，以后我要多教育孩子，让她明白不是什么东西都可以用金钱换来的，比如友情、亲情。当然，我也要做出表率，不能总把钱挂在嘴上，给孩子带来不良的影响！

在燕燕的心里，除了钱之外，再没有其他的东西能够鼓励自己奋斗了。可以说，燕燕的这个样子，是典型的早熟，但是认知又不那么全面，因此便认定了钱是最终目标，所以才出现了案例中的情况。

对于燕燕这个样子，父母该如何处理呢？诚然，在现实生活中，让孩子及早了解钱的实际价值，这本身并没有错，所以，燕燕认为钱很有用处，这说明了她已经有了经济意识。

但是，燕燕此时却陷入了极端的境地：只认为钱好，钱是万能的。

这是为什么呢？就是因为父母和老师平常说话中的不经意，让孩子记在了心里，因此才出现了那样的拜金心理。

的确如此，在现实生活中，有钱的父母把大把大把的钱给孩子当作零用钱，没钱的父母砸锅卖铁来满足孩子的虚荣心，即使家徒四壁也让孩子在其他同学面前像一个“小少爷”的样子。

有些父母的确发现了孩子大手大脚花钱、浪费的毛病，他们不断地抱怨、埋怨孩子，其实做父母的就应该先检查一下自己。你是不是平日里孩子一要钱就给？自己是否也是追逐名牌、大手大脚？你奢华的消费理念和不良的生活习惯是不是给孩子造成了不好的影响。在生活中，家长一定要做到：

1. 让孩子知道家里的经济状况

孩子之所以缺乏真诚，不懂事，乱花钱，就是因为有些父母故意隐瞒了家庭的贫穷状况，孩子以为家里很富有，当然心安理得地大手大脚花钱。因此，家长要让孩子知道家里的经济状况，不要让孩子觉得家里有座花不完的“金山”。一旦明白了这些，孩子自然不会乱花钱，也不会出了事情轻易地“撒钱”解决了。

2. 告诉孩子，友情是金钱买不到的

有些孩子的兜里整天动辄上百的零花钱，而且，大多数孩子又不懂得父母挣钱的辛苦，而是觉得每次都是“手到擒来”，花了可以再要嘛。于是，聚集在一起请客、过生日。而另一些孩子就是为了跟他在一起吃得好一些，并没有把他当成真正的朋友，这种友谊还有什么真诚可言呢？家长要及时告诉孩子，吃吃喝喝的友谊只局限于餐桌，离了餐桌他所认为的“友谊”就毫无价值可言了。毕竟，友情是金钱买不到的。如果想交真正的朋友，不是物质上的满足就能实现的，而是用自己的真诚来对待人，学会帮助他人，并且在生活和学习上互帮互助。孩子认识到了自己真正的价值所在，就不会利用摆阔来“俘获”其他孩子的友谊了。

# 做家务可以培养孩子的美德

从小参加劳动的人，即使只在家里做一些简单家务的人，生活得也要比没有劳动经验的人更充实、更美满。

劳动不仅能够造就一个人，而且能够给人以快乐和幸福。哈佛大学曾经对波士顿的456名孩子进行了跟踪调查，了解他们的生活经历和成长过程。在这些孩子进入中年的时候，研究人员对他们的生活进行了分析，结果发现，不管这些人的智力、家境、种族或受教育的程度如何，也不管他们遇到多少困难和挫折，从小参加劳动和工作的人，即使只在家里做一些简单家务的人，生活得要比没有劳动经验的人更充实、更美满。劳动使孩子获得能力，生活上就独立；在面对挫折时，孩子善于以独立的积极的心态去面对。因此，父母要重视培养孩子劳动的习惯。在家里，家长包办孩子的一切；在学校，老师也很少安排劳动。这样一来，孩子的动手机会减少，生活自理能力降低了，也会逐渐使其厌烦劳动。

孩子做不做家务劳动看似小事，但却会引发一系列的不良后果。

不做家务劳动的孩子，往往动手能力弱，眼高手低。对于孩子来说，劳动实践是学习知识、了解认识社会的重要途径，孩子日常的家务劳动锻炼，正是一次难得的学习机会。如果一个孩子的记忆中只有书本知识，而没有运用这些知识指导实践的体会，也很难激发孩子进一步的求知欲望和热情。

不做家务劳动的孩子，往往依赖性强，缺乏自主性。孩子的劳动习惯与自主、自理能力是连在一起的。有关分析表明：家务劳动时间与孩子的独立性有显著关系，也就是说，孩子的劳动时间越长，其独立性就越强。试想一下，一个没有任何劳动机会、在家里什么活儿都不会干的孩子，当他离开父母的时候，怎么能够自如地生活在复杂的社会？更不要说在这个社会中有所发展了。

不做家务劳动的孩子，往往缺乏同情心。如果孩子一点儿家务劳动的经验都没有，他就体会不到父母劳动的艰辛。父母为家庭、为孩子的付出，他也会认为那是理所当然的。孩子这样的思想就会在无形之中为亲子沟通设置障碍，使得父母终日辛劳而不得解脱，难以得到孩子应有的情感回报，让人心生“可怜天下父母心”的感慨。

家务劳动是孩子们可以参与的劳动内容之一，它既能养成孩子的劳动习惯和自立意识，促进孩子学习独立生活的本领，还能增强参与家事的意识，留恋、珍惜家庭的安宁和融洽，从后者着眼，鼓励孩子做点家务劳动更有其深刻意义。

## 塑造孩子用爱心关照他人的品质

尽自己的所能去帮助别人，会使人变得快乐；关心别人的痛苦和不幸，设法去帮助别人减轻或消除痛苦和不幸，会使人变得高尚；时常为他人着想，会丰富自己的生活，增加自己的涵养。

所以，父母必须让孩子懂得“爱人者，人恒爱之”，鼓励孩子在与同伴的交往中，有关心他人的意识。

列宁的父亲就非常重视对孩子们关心他人意识的培养。

他经常告诫孩子们：要学会尊重他人，不论别人身份高低贵贱；小朋友要是说话发音不准确，不要讥笑他，而要帮助他纠正，平时要多体谅别人，多替别人着想；要乐于助人，给老人、妇女让座；别人帮了忙，一定要道谢；自己有了错，也一定要请求别人原谅……

正是在这潜移默化的熏陶下，列宁从小便对别人以礼相待，真心相助。他小时候经常到乡下外公家去玩，和贫苦的农村孩子们相处得如同和自己表兄弟一样亲密无间。

有一次，他见到一位农民的大车陷到了泥里，赶忙上前，不顾泥泞帮着把车推了出来，把这位农民掉在地下的手套拾起来，恭恭敬敬地递过去，很尊敬地和人家交谈，最后还愉快地握手道别。

列宁的父母以身作则地教导列宁要关心他人，这是一个人在社会上立足并取得世人尊敬的先决条件，正是因为这样，列宁才取得了别人的信任和支持，成就了自己的事业。

孩子天生都是善良的，他们也很乐于去关照他人，但是由于孩子年纪还小，很多经验都不足，所以父母要让孩子勤加练习，才能更好地掌握关照他人的方式。

姨母到哈里家做客，哈里叫出自己九岁的儿子泰迪，让他向老人问好。随后的几天，哈里将照顾老人的任务交给了泰迪。泰迪是个很懂事、很听话、会办事的男孩，也很乐意照顾老人。

但问题是，他以前从来没有照顾过老人，不知道自己该做什么。后来在父母的帮助下，泰迪终于学会了如何关照老人。

姨母在泰迪家玩得很开心，走的时候摸着泰迪的头，不住地夸他是个好孩子，是一个会关照人、有爱心的孩子。

对于孩子感到生疏的方面，父母要多加指导，处处留意，对孩子从“小事”入手，加强培养。如经常让孩子帮老人做事情，用礼貌语言与老人交往(常用“您好”、“再见”、“谢谢”、“请慢走”等)，关心、慰问生病的老人等，日积月累，孩子就能更好更自觉地付出爱心，使自己更快乐。

很多家长在教育孩子的过程中，只注重对孩子的“养”，而忽视了对孩子的“教”，这就会导致孩子情感体验贫乏，久而久之，就有可能使孩子在情感上出现麻木、无知的状况。所以，父母应注意与孩子的情感交流，了解孩子的所思所想，及时给予精神上的鼓励，让孩子在成长的过程中不迷失方向，让他们真正能够健康成长。

培养孩子用爱心关照他人的品质，家长应该注意以下几点：

1. 父母应以身作则

孩子认识肤浅，判断能力差，缺乏独立性，心理活动带有暗示性和模仿性。在他们眼里，父母的行为就是一把尺子，认为父母做的，他就能做；父母怎样做，他就应该怎样做。因此，父母在与老人(父母、公婆、岳父母和其他老人)相处中，态度应谦逊、彬彬有礼、关心照顾、体贴入微。如在家给老人端茶送水，在公共场合，给老人让座、让道。父母的言行，孩子看在眼里、记在心上，表现在自己的行动中，他们会像父母一样善待老人。父母还可利用英雄模范人物、现实生活及文学作品中人物的良好行为给孩子树立榜样。

2. 利用有关节日启发诱导孩子

可借助老人生日、重阳节(老人节)、元旦、春节等有利时机，通过谈话、点拨、暗示，诱发孩子的良好行为。如询问孩子：“明天是××节(××日子)，你应该做些什么？怎样使爷爷(奶奶)高兴呢？”孩子就会认真地说“我帮爷爷切蛋糕，祝爷爷生日快乐，健康长寿”、“我送奶奶一件礼物”、“我给爷爷、奶奶拜年”……

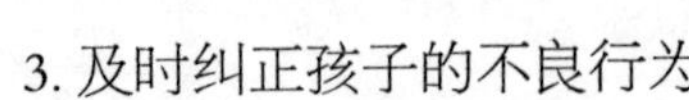

3. 及时纠正孩子的不良行为

孩子易冲动、自制力差，他们的行为往往受情绪支配，容易出错，常常做出对老人无礼的举动，如对老人发脾气、摔东西、不理睬等。一旦发现这些问题，成人一定要舍得管教，严肃批评，耐心说服，使孩子认识错误。尤其不放过“第一次”，严格把关。迁就容忍只能招致更多的过错，使孩子养成不良习惯。

4. 尽量让老人与孩子多交往

有些孩子不是对老人敬而远之，就是漠不关心。在交往中，常常要在父母的提醒下，才随之行事，非常被动，如给老人搬凳子，说“再见”等。为此，作为老人，应平易近人、态度和蔼；关心孩子的成长，多与孩子交谈，缩短两代人之间的心理距离，不能因兴趣迥异，居高临下。对孩子只有“动之以情”，才能使其主动关心、尊敬老人，自觉听从老人教导，努力做他们心目中的好孩子。

5. 让孩子在接触邻居中学会与人交往

家长积极鼓励孩子摆脱“孤独”、“自我”的情绪，可让孩子到邻居家“串门”，邻居要借东西让孩子热情地送去，邻居家有困难应尽力去关心和帮助。邻居家有病人尽可能去探访慰问，遇到喜事可以相互祝贺。

## 培养热心的好孩子

由于现在的孩子大多是独生子女，他们备受家人的宠爱，渐渐地养成了自我中心的习惯，对人非常冷漠。然而，这样的孩子到社会上是很难立足的，他们无法和别人进行良好地合作。因此，家长必须试着融化孩子的冷漠，让孩子变得热心起来。

那么怎样才能改变孩子待人冷漠的心态呢？下面请看一位爸爸的成功经验：

我儿子叫宋雨，今年12岁，是家里的独苗、心肝宝贝，今年还被评选为三好学生、十佳少先队员，我们做父母的心里很高兴。家长会上，老师表扬宋雨说：“宋雨学习成绩优异，开朗又活泼，不怕吃苦，更难得的是热心助人，总是主动帮助同学，从不藏私，在班里十分有号召力。”当时，好多家长都问我，怎么把孩子教育得这么出色懂事？还有一位爸爸跟我诉苦，说他的儿子虽然学习成绩很好，但却待人冷漠，不善于合作，这将来到社会上怎么吃得开呀！其实，他们不知道，我们宋雨以前也是这个样子，但是从他九岁起，我和他妈妈就决心帮他改变这种冷漠心态，怎么做呢？我们试了很多方法，带他去希望工程捐款，给他讲乐于助人的道理、故事……可效果都很差。后来，他妈妈偶然听了一个教育讲座，才学会了一招“赏善计”。小孩子嘛，总是喜欢被奖赏的，我们就按照专家说的，每当他做了一点好事，哪怕是对周围的人有一点热心的表示，我们就立刻抓住机会表扬他、奖励他。我们看得出他表面上虽然有点尴尬，但内心却很得意，渐渐地，他做的好事越来越多了：他扶奶奶去医院，给我送伞，帮助同学学习……要不人家说没有教不好的孩子呢！只要家长用对了方法，再任性的孩子也会变成好孩子！

热心作为一种美德，对一个人的成长发展具有不可忽视的积极影响，一个对人冷漠的人，其实是一个在道德上有缺陷的人，这样的人即使再有才华、再有能力，最终也很难有所作为。因此，家长们必须重视从小培养孩子“热心”的品性。

孩子往往缺少判断是非的能力，而家长的反应就成了孩子判断对错的标准。奖赏孩子热心的行为，孩子做的事得到了肯定和表扬，那么他还会继续这么做。因此，就算你的孩子只是帮了别人一点小忙，或者替别人着想时，作为家长，你也要告诉他你赞成他的这一举动，希望他这样做，并鼓励他多为别人做善事。让他知道你希望从他的举动中看到善意，表现得友好些。如果孩子对他人不友好，就要让他认识到这样不好，不是好孩子应该做出的举动，并表示你对此的遗憾，相信他下次会做得好一些，而不是简单地去责骂他。

当然，掌握了这种奇妙的教育方法后，爸爸妈妈还必须为孩子创造能赞赏他善行的机会。

1. 让孩子设身处地为别人着想

孩子待人冷漠，往往是因为对别人的立场缺少了解，因此，家长可以利用同理心，让孩子设身处地想他人之所想，急他人之所急，乐他人之所乐。例如，可以开展“假如我是……”的角色换位活动，使孩子理解、体验假想角色的内心感受，改变原来的冷漠态度。一位下岗职工的孩子正是通过“假如我是下岗的爸爸……”的角色换位活动，体验到爸爸的辛苦，认识到爸爸的不容易，从此改变了原来的做法，与爸爸的心贴得更近了。

2. 让孩子多参加一些慈善活动

书画家为拯救灾民的义卖书画活动；社会各界为“希望工程”的捐助活动；为美化校园，每人献上一盆花的活动。家长应创造条件、提供机会，让孩子去感受这些活动。

3. 让孩子感受热心带来的快乐

孩子们受到了别人的友善相待会感到非常快乐，这清楚地告诉他热心是一件多么令人愉快的事，不过，更为重要的是，通过这样一个机会，让孩子懂得只要与人为善自己也会获得快乐。因此，家长不妨给孩子创造一些表达热心的机会，例如善待小动物等，他能从中感觉到感激、忠心，并真正懂得热心的好处。

4. 让孩子在热心友爱的环境中成长

爸爸妈妈应以友好和爱的方式来教育、帮助孩子，努力使热心、友好的气氛充满整个家庭。另外，友好相待所有认识的人：亲戚、朋友、同事、邻居，以及一切可给予帮助的陌生人。孩子们在这种环境熏陶下，善良、友好对他来说就显得非常熟悉、自然。

孩子战胜冷漠心态的关键是家长，只要爸爸妈妈能对孩子的热心行为明确地表示出喜欢，并通过一次次的奖赏让孩子再接再厉，那就一定能培养出一个具备善良品质、热心的好孩子。

## 以爱育爱

每个做父母的对孩子都很有爱心。父母都记得孩子的生日是哪一天，但至少有一半的孩子不知道父母的生日是哪一天。父母都十分重视给孩子过生日，但又有几个孩子重视父母的生日呢?

现在的孩子很多不知道孝敬父母，但父母却对孩子十分有“孝心”。父母对孩子倾注了满腔的热情，父母对孩子的爱“无可挑剔”，而孩子对父母的爱却仿佛都从人间蒸发了。

实际上，父母都很希望自己的孩子懂得爱，发现爱，做一个好孩子。那么，如何才能发现呢? 其实，爱在于点点滴滴，爱在日常生活当中，爱就在我们的周围，关键看我们能不能发现。父母要培养孩子一双能够发现爱的眼睛，有一颗灵敏的心来感受生活。这时就需要父母的点拨，让孩子想到在这些行为的背后，有一颗颗关爱的心，让他去体谅大人为什么这样做，让他懂得爱、珍惜爱、学会爱。一个有爱心的孩子，就是一个真正的人。

曾有一篇文章讲述的是一个数学老师在上课时，天突然下起雨了。下过雨之后，老师就发现一位奶奶拿着伞在门口等着。这个老师看着奶奶从远处走来，原来奶奶是来给孩子送伞的。老师一下子就动了感情，一下雨，会有多少爱心在体现啊！越来越多的爷爷、奶奶、爸爸、妈妈来送伞，孩子拿着五颜六色的伞，一个个兴高采烈。

这时，数学老师布置了一篇作文题目叫《雨天的收获》。孩子们起初感觉很奇怪，不知道怎样下笔。老师就引导他们说："下雨天会给人们增添许多的麻烦，增添很多担心，但是下雨一下子让人的亲情洋溢，互相关心。"同学们在老师的引导下，突然感觉到生活是这么美好，原来这么多的爱就在身边。

这一天放学时，同学们都有了自己的伞，有一个小女孩拿了大点的伞坐在那里不动，老师说："你为什么不走啊？"小女孩说："老师你没有伞，我和你打一把伞走。"老师感动了，老师觉得这个孩子真是很细心，不但想到了自己，还想到了别人。

其实，文章中讲述的是一件很小的事，但说明的却是一个很感人的道理：孩子们是在爱中成长，在爱中学会爱的。其实，这样的小事在我们的生活中有许多，哪一个孩子的成长不是父母千辛万苦去照料，哪一个孩子生活的方方面面没有父母家人的呵护，这是说也说不完的。

孩子的心灵是最纯净的，他们能从点点滴滴的生活小事中感受到父母的爱心，从而渐渐唤醒内心关爱父母的意识。

如何培养孩子心中有爱呢？

1. 不要让孩子自私

孩子自私，会感觉他吃好东西、拥有好东西是理所当然的，假如孩子习惯了接受，只知道索取，就很难在今后的生活中考虑他人的感受。一个不懂得关爱他人、关爱父母的孩子将来很难成为一个有爱心的人。

2. 不要“有求必应”，更不要“无求先应”

对孩子提出的需求，父母应先思考一下是否合理，假如不合理，则坚决否定，并且要告诉孩子为什么不合理。父母不要预先为孩子承诺的太多，一手包办孩子的成长，面面俱到，不要总想着孩子没有这个、没有那个。假如父母总是包办代替，时间长了，孩子会觉得一切东西都来得太容易了，也不懂得珍惜。

3. 父母要为孩子做出榜样

假如家中有老人，有好吃的先给老人吃，逢年过节给老人送礼物；假如老人离得较远，经常给老人打个电话。要让孩子看到父母不仅对自己有爱，对长辈也有爱。